HEART
心|視野

HEART

心|視野

讓相處變簡單的32個心理練習

停止凡事顧慮想太多，人際關係會更順暢輕鬆

石原加受子——著　蔡麗蓉——譯

わずらわしい人間関係に悩むあなたが
「もう、やめていい」32のこと

CONTENTS

各界推薦 7

前言 只要「停止」這麼做，就能使人際關係的煩雜感消失 9

第一章

想要不為人際關係煩心，請停止這種思考

01 停止「應該」的思考 16

02 跟大家一樣就安心？停止「保護色」思考 24

03 停止永無止盡的「勝負」思考 31

04 停止「希望被了解」的思考 36

05 停止只會讓人疲累的「在意」的思考 43

06 停不下來的被害妄想，停止「過度解讀」思考 49

第二章

想要不為人際關係煩心，請停止這種態度

07 別老是覺得要和大家成為好朋友 56
08 停止假裝成抗壓性很強的樣子 62
09 停止對工作麻木 68
10 停止改變對方 75
11 停止察言觀色的假笑 81
12 停止解讀別人的心情 87
13 停止只有表面信賴的關係 94

第三章
想要不為人際關係煩心，請停止這種傾聽方式

14 停止讓對方用談話偷取你的時間 100
15 停止不好意思打斷對方說話 107
16 停止勉強贊同 114
17 停止傾聽抱怨或他人的壞話 120
18 停止在意話中有話 125
19 停止擺出「有需要可以隨時找我」的好人臉 129

第四章
想要不為人際關係煩心，請停止這種說話方式

20 面對疑問，停止有問必答的「面試回答法」 136
21 停止用正論攻擊對方 142
22 停止會阻礙自己和他人的「但是」 149
23 停止用「你」作為說話的主語 156
24 停止不和對方對到眼的說話 162
25 停止單方面「一人演講」 170

第五章
想要不為人際關係煩心，請停止這種行為模式

26 停止事後反悔臨時取消 178
27 停止「不可以懶惰」 185

28 停止「總是覺得討厭的人離我很近＆喜歡的人離我很遠」 190
29 停止替他人承擔錯誤 197
30 停止想太多最後沒行動 203
31 停止一個人努力到最後 209
32 停止逃避責任而不行動 214

各界推薦

許多痛苦糾結的情緒，都與現有的人際關係無法滿足心理需要有關。想要擁有輕盈的心和簡單的人際，先藉由此書來檢視自己吧！

——**POP Radio FM91.7 節目主持人 DJ Eva**

把焦點從外在放回自己身上，回到最單純又最複雜的關係——與自己的關係，這是一切關係的根本。

——**DJ 歐馬克**

在選擇與取捨後，才能把力氣留給真正「值得」的關係。本書將逐步引導你在人際關係中，好好做出選擇與取捨。

——**臨床心理師 蘇益賢**

這是一本貼近人心的關係指引，在自我體察中理解個人的議題，同時藉由書中提供的心理學技巧，找到適合自己的人際步調。

——**好日子心理治療所執行長　陳品皓**

停止「無意義的忍耐」吧！這不但破壞關係，更會傷了自己！透過本書學習設定界線，重新取回良好人際的主導權！

——**諮商心理師／人際溝通講師　瑪那熊**

人際關係就是「沒關係就有關係；有關係就沒關係；希望大家都有好關係！」

——**臨床心理師　蔡百祥**

不唱高調，不掉書袋，用簡單的語言，把複雜的人際關係擺回舒適的位置。

——**臨床心理師／《人生障礙俱樂部》作者　劉仲彬**

前言

只要「停止」這麼做，就能使人際關係的煩雜感消失

不論走到哪裡都能聽得到，「好好珍惜自己」這句話。

但是怎麼樣才算是珍惜自己，具體知道怎麼做的人並不多。

若是要用一句話來表示「好好珍惜自己的方法」，就是指「好好感受自己」。

比方說：

- 感覺愛睏，就去睡；覺得累了，就休息。
- 一邊感到痛苦並強忍著，就不要忍耐了。
- 感覺開心，就繼續下去；感覺恐懼，就停止不做。
- 覺得麻煩，就先處理自己覺得輕鬆簡單的部分。

為了珍惜自己，你必須了解這些基本的事物，這些全都是你的「感受」。也就是說，我們的感情或五感，是以超越五感以上的感受作為基準。

與人之間的關係也是如此。

你之所以認為人際關係很麻煩複雜，這是因為你一直沒有好好珍惜自己，總是在不經意間勉強自己的關係。

由於你不去看清自己真正的感情，總認為「因為是工作」、「因為是家人」、「因為是朋友」，所以刻意壓抑自己「感受到」的不快感、厭惡感及憤怒，又或者你只是假裝自己感受不到。

想要消除自己心中所抱持著具體且特定的煩雜感，除了好好去感受之外，別無他法。首先要感受自己，找到自己的基準，才能真正好好守護自己。

「好好珍惜自己」＝「感受自己的內心」

不論是誰，都想要得到幸福，想要每一天都過得輕鬆愉快。

但是如果不懂得「感受」，就不可能實現這樣的願望。品嘗幸福感、獲得滿足感、感受到喜悅，以上這些，全部都是以「感受」作為前提。比起「思考」為了幸福應該怎麼做，更重要的是去「感受」想要幸福的心。

現在是資訊社會的時代，是一種思維文明。換句話說，比起「感受」，人們更專注在「思考」上，關於這一點在後續會有詳細的介紹。只靠「思考」來建構的世界，是無法體驗前文所述的幸福感的。

即便是透過思考去想像自己感覺到滿足感，那也是透過感受才能辦到。因為你曾經品嚐過那樣的滿足感。

我們必須要磨練自己的「感受」力，或者對某些人來說，必須重拾那樣的感覺。

只要磨練感受的能力，就能開始發覺讓自己「感覺滿足的重點」。例如：

「比起之前，我變得能夠拒絕人了。」

「比起從前，我變得更能信賴他人了。」

「比起之前，我的心情感覺更輕鬆了。」

「我變得不再煩惱困擾許久了。」

「慢慢地，我的大腦開關轉換變快了。」

「對那個人的恐懼感，逐漸減少了。」

「即使令我煩躁的人接近我，最近，也很少受到他影響了。」

讓自己感覺滿足、讓自己感覺幸福、讓自己感覺到驕傲，這是不論你在什麼地方都可以找到，是一種無可限量的東西。

為了磨練「感受」力，最好「停止」這些忍耐

為了培育如此重要的「感受」力，本書接下來要介紹的是練習「停止」無用忍耐的方法。

你是不是每天，都勉強地做著「不想做的事情」呢？

請你思考一下，自己是不是有忍耐著不去做「想做的事情」呢？又或者，你是否曾經在做「想做的事情」時，擔心會因此受到傷害，還是抱持著被人否定或批判的恐

懼感呢？

- 「不想做的事情」→忍耐著去做。
- 「想做的事情」→忍耐著不去做。

像這樣**勉強自己去做「不想做的事情」，或是忍耐著不去做「想做的事情」**，久而久之，你本身對於這些事物所「抱持的感覺」，就會逐漸變得鈍感。

對於自己正在做的事情，了解自己是否感覺到痛苦，是非常重要的一件事。

如果感覺到痛苦，不論你再怎麼努力，總有一天也會變得沒辦法再繼續下去。假如自己覺得痛苦卻繼續做下去的話，我們的潛意識，就會以錯誤或失敗的方式，阻礙我們繼續這麼做。

對於人際關係也是一樣。「如果你想要和人好好相處」、「如果你不想要被討厭」，可是你卻勉強自己和那些不擅長的人相處，不斷地將感受痛苦的自己逼到絕境，是絕對不會產生好的結果的。

如果你現在以「好複雜啊」、「好麻煩啊」的心情，去漠視你感受到的感覺，很有可能是你已經在不知不覺間覺得很痛苦了也說不定。

本書要介紹的「停止不做也沒關係」的事情，目的是要讓多數人留意到，自己在不知不覺間所做的那些「忍耐」，並從中獲得解放。

本書分成五個章節，分別從思考、態度、傾聽方式、說話方式、行為模式切入，各章節以「大多數人總是不自覺忍耐的事情，只要停止不做就會覺得輕鬆的事情」作為主軸進行介紹。

透過去感受至今為止忍耐著的事情，然後「停止不做」，這樣就能從煩雜的人際關係中解放出來，讓你的每一天都可以獲得滿足感。

即使你努力想要和人相處融洽，而不斷忍耐壓抑著，不過只要停止忍耐，就一定能夠打造更好的人際關係。

希望這本書可以讓你擺脫麻煩的人際關係，讓你的每一天都更加充實，那麼我將會倍感榮幸。

第一章

想要不為人際關係煩心，請停止這種思考

01 停止「應該」的思考

不論是誰，都有自己的思考習慣。

而這個思考的習慣，對自己而言只要能起到正面的作用，或許就不會有太大的問題。

只不過，我們常會在不知不覺間，透過思考或自言自語，做出一些讓自己覺得痛苦的事情。其中最普遍的，就是抱持著「理所當然」的想法，認為這麼做才是自然的人們。

比方說，「應該要……」或是「必須這麼做才對」之類的思考。

在本書中，我將這種思考，稱之為「應該」的思考。

「應該」的思考會讓自己變得越來越痛苦

如果要用一句話來解釋「應該」的思考，就是束縛自己想法的意思。

假如我們無意識的認為「應該這麼做才對」，那麼在面對自己和對方時，就會使用「如果我不這麼做」、「你應該這麼做」的說法。

如果不從平常就仔細留意自己使用什麼樣的說法，就不會發現其實自己抱持著這樣的想法。

而且，若是把這樣的狀況視為理所當然，並且這種思考已經牢固地侵蝕自己的潛意識的話，有些人甚至不知道抱持著這樣的想法是否合適。比方說，像是抱持著以下的想法：

「身為社會人士，就應該要跟周圍的人相處融洽。」

「為了和人相處融洽，必須壓抑自我配合他人才行。」

即便自己並沒有打算要抱持著「應該」的思考，但是在家庭或社會當中，那些不絕於耳的斥責，或是受到普遍認為的常識所限制，整個社會的氛圍都會讓你覺得，「身為人類、身為成熟的大人，就應該這麼做」、「自己絕對不能軟弱」、「應該要節儉，不能去玩樂」等等，相信這些想法並不罕見。

令人出乎意料地，有許多「做不做都是自由」的事

在我的研習會中，為了瞭解我們是否受到這種「應該」想法的限制，並且有所自覺，我曾經提出這樣的問題。

「你等待著相約的朋友，可是對方傳來了『我會遲到一下』的訊息，這時你會怎麼做？有哪些選擇呢？」

大多數人都用「你為什麼要問這麼理所當然的事情」的奇怪表情，回答我逛逛街、聽音樂、滑手機、單純等待等等。

縱使我再問：「還有其他選項嗎？」得到的答案還是各式各樣的「打發時間」的方法，遲遲得不到最關鍵的那個答案。

於是我再問：「有沒有選擇不等了，選擇『要回家』的人呢？」

也有著回答「我完全沒想到這個選項」的人在。

直到我說為止都沒有這麼想的人，之所以腦海中沒有浮現「回家」的選項，是因為從一開始他們就認為「因為已經約好了要見面，所以自己應該要等對方」。

「因為想見面，所以等待」的話倒是沒什麼問題，但若是覺得「必須要等待」而邊感覺煩躁邊等待的人，就會在枯等對方遲到的這段時間，拚命地隱藏焦躁的心情。

如果你產生了這種煩躁的心情，繼續等待下去只會讓關係更加地惡化，因為就算你忍耐，對方還是會感受到你這種煩躁的心情。

若是能依照時間或是情況，由自己決定選擇「回家」的話，會比較容易建立起良好的關係。

個性越是認真的人或完美主義的人，就越容易陷入這種「應該」的想法當中，並且為此痛苦不已。

然而，如果在你目前認為「應該」或是「不應該」做的事情當中，其實有絕大多數的事，都是「去做是你的自由、不做也是你的自由」，如此一來，又會是如何呢？

假如你想要停止「應該」的思考

比方說，「你有想要的東西，但是不能奢侈浪費，所以必須耐心等待」，就因為這麼認為，所以你忍耐著不買。

只不過在這個時候，在你心中的想法會變得如何呢？會變得反而更在意想要的東西，更想要得到它。最後終於把持不住買了下去，甚至在購買之後，比起「買了真好」的想法，反而會認為「糟糕，居然買了這麼奢侈的東西」，然後開始自我責備並且產生罪惡感。

那麼，假設換成是「買或不買，都是自己的自由」的想法，又會是如何呢？如此一來，就會變成為了自己而買，認為「對啊，買不買都是我的自由，那麼因為想要就買了吧」。

像這樣認同自己的慾望，在取得自己想要的東西之後，就會覺得「啊，買下來真好，因為非常想要，所以好開心啊」，並且發自內心的感到滿足。

或許你會認為，一旦買了想要的東西獲得滿足之後，就會變得「假如原諒如此奢

「做」與「不做」都是我的自由

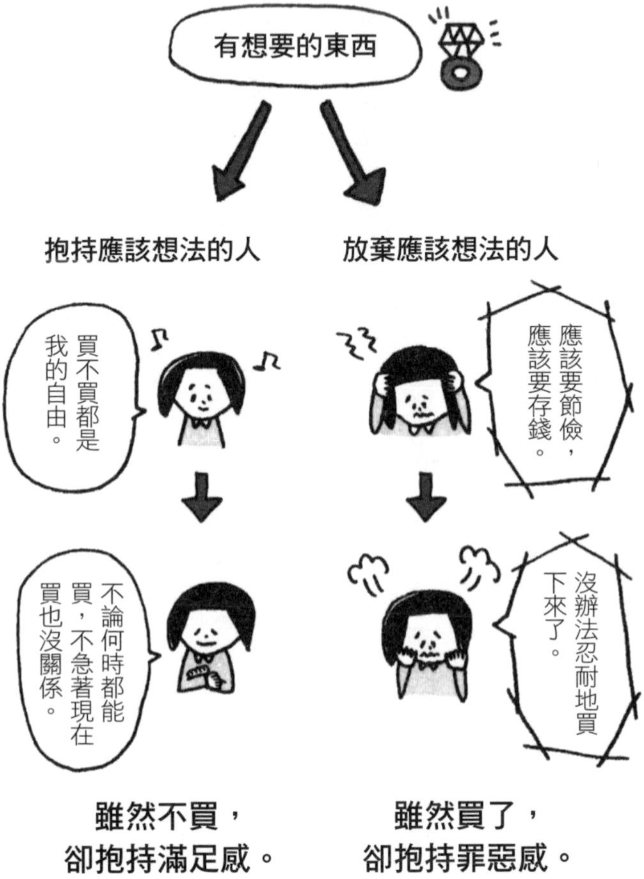
有想要的東西
抱持應該想法的人
放棄應該想法的人
買不買都是我的自由。
應該要節儉，應該要存錢。
不論何時都能買，不急著現在買也沒關係。
沒辦法忍耐地買下來了。
雖然不買，卻抱持滿足感。
雖然買了，卻抱持罪惡感。

侈的自己的話，就一定會永無止盡地想要」，而為此感到恐懼。

如果是這樣的話，我必須說這也是一種思考的習慣。

實際上，假如你打從心底認同自己買想要的東西，就會認為「不用急著買，不論何時都能買」，而抱持著安心的心情，反而不會亂花錢。

甚至你的內心，還能產生好好考慮的餘裕。

只以「應該」的想法忍耐著過生活，人生會慢慢地變得越來越煩雜。另一方面，**若是能從「應該」的想法中解放出來，以「做與不做都是我的自由」的感覺來生活的話，人生就會慢慢地變得越來越滿足。**

為了停止「應該」的想法，我們必須改變自己的思考方式，盡量避免使用「應該要……」、「必須這麼做才對」的說法。

與其滿腦子思考或碎念著「應該這麼做」，不如將其轉變為「做與不做，都是我的自由」的表現方式吧。

如此一來，你就會發現原來「應該要做的事」、「不得不做的事」，其實令你意外的稀少。

停止「應該」的思考

無法做到的人　總有一堆「應該做的事」，過著苦悶的每一天。

能做到的人　認為「應該做的事」並不多，過著充實的每一天。

02 跟大家一樣就安心？停止「保護色」思考

我在自己的眾多著作中，都會提倡「自我本位」的生活方式。我將其稱之為「自我本位」的心理學。

而「自我本位」心理學的基本概念，其中則分為「自我本位」、「他者本位」兩大類。

所謂的「他者本位」，是指受限於社會的常識、規範、法令或原則等，認為必須遵從，並且必須勉強自己去配合周圍的人，以自己所處的外在環境作為標準，來決定生活方式。

另一方面，所謂的「自我本位」，則是指依據自己的慾望、心情、感情等等，以自己的內在作為標準，盡可能地貼近、滿足自己的心，並以此作為目標的生活方式。

這個「自我本位」，也可以說是一種「愛自己」的行為。

如果以他人作為標準，自然就會產生許多「應該」或「不應該」的想法，並且受到限制地生活著。

若改成以自己作為標準，為了看清楚自己的內心，就會注意自己的慾望或感情，變得想要好好珍惜自己。

從這一點來看，「他者本位」與「自我本位」有著決定性地差異。

在意「大家」的「他者本位」想法

假如以前文所述的「他者本位」作為生活方式的話，自己的判斷就會以外在環境作為標準決定。

「因為大家都在做，所以要做；因為大家不做，所以不做」、「因為大家都做到了，所以自己也必須做到才行」。就像這樣，你不斷地配合著「大家」或是「社會」。**想要努力變成和周邊一樣的顏色，彷彿變色龍的保護色**一般。

如果你對周圍或社會抱持著「必須配合、必須遵從」的意識的話，即使自己不想這麼做，也會認為「不這麼做不行、不遵從不行」，而強迫自己去做。

然而，若是讓這種「應該」的想法強烈地束縛住自己的話，一旦陷入「但是，我做不到」的狀態時，接下來腦海中會浮現什麼樣的話呢？

想當然耳，會因為自信盡失，而情不自禁地說出：「明明我必須去做才行，做不到的自己，真是最差勁的人了。」

一旦落入「他者本位」的想法中，基本上會自動地變成只說「做不到」、「做不好的自己真糟糕」等等之類的話。也因此，越是以他人中心來思考，就會變得越責備自己，整個心裡就像是不斷迴繞著罪惡感一般。

甚至整個頭腦當中，都充斥著自我否定的話語，以至於所有的一切都令你煩惱，讓你想要把它給丟出去。這就是「他者本位」的下場。

試著以「自己的慾望或感情」作為標準

那麼，以「自我本位」的生活方式又是什麼樣的情況呢？

所謂的「自我本位」如同前文所述一般，人們對於事物的看法都有一套自己的標準。正因為如此，我們就能夠從**「因為大家都在做，所以我也要做」的思考方式中解放出來。**

基本上，想法也會自動變成「（不論別人怎麼樣），我都想這麼做」、「因為我想這麼做，所以會依循自己的內心做出決定」、「為了自己，就這麼採取行動吧」的形式。

我們該怎麼做，才能掌握這樣的模式呢？

那就是依據自己的慾望或感情，將其作為判斷標準，例如：「我想要這麼做、不想那麼做」、「我喜歡這樣，所以我才這麼做；我不喜歡這樣，所以我不那麼做」。為了做到這一點，只要能做到「想做」的事情，就會覺得「為了自己，完成了這樣的事真好」。若是感覺到「不想做」的事情，也會覺得「不用去做自己不想做的事情，真好」。

結果，只要是依照自己的心情作為標準的話，不論選擇哪一邊，都會覺得「實現了自己的想法，真是太好了」，變成不論是什麼樣的自己，都能獲得自己的認同、肯定。

就像這樣，以他人為標準的想法生活的「他者本位」，對於以自己為標準，好好珍惜自己的慾望和感情的「自我本位」來說，是完全相反的生活方式。

「自我本位」與「以自我為中心運轉」的區別

其實我在介紹「自我本位」的生活方式時，常常會被問到這樣的問題。

「假如以自己的心情作為標準的話，不會變成一個任性、只思考自己的事情，完全以自我作為世界中心的人嗎？」

實際上，「自我本位」的基本概念，就是「認同自我，也認同對方」。也就是指彼此認同、尊重各自有生活方式、思考方式、行為模式的自由。

彼此認同對方的自由，為了讓這個基本規則成立，必須遵守彼此不平白無故地踏入對方的領域的規則。也就是說，不做支配、控制、強求、強制等等的行為。而「以自我為中心運轉」，則是指無緣無故地侵犯對方的領域。

以上就是「自我本位」與「以自我為中心運轉」的最大不同。

此外，在「自我本位」心理學當中，這個「以自我為中心運轉」的行為模式則是

在「自我本位」心理學中，想珍惜的只有這些！

被歸類在「他者本位」的裡面。

跟大家一樣就安心？停止「保護色」思考

無法做到的人　總是在意其他人，勉強地配合。

能做到的人　會以「別人是別人，自己是自己」，好好地珍惜自己。

03 停止永無止盡的「勝負」思考

為什麼你會對「分出勝負」這件事如此堅持呢？

「這是因為，如果輸了的話不是會覺得很不甘心嗎？」

事情真的是這樣嗎？那麼假如你和人競爭，真的會打從心裡覺得「啊，贏了真是太棒了」，並因此感到滿足嗎？

「在職場上被主管稱讚的話，就會覺得自己贏過了A很了不起。」

的確，被稱讚的話會讓人覺得很開心。那麼，在被稱讚之後，又會怎麼想呢？

「因為很開心，所以會更想要回應對方的期待。」

原來如此，乍看之下，我們會認為這是正面的情境。那麼，假如真的受到對方的期待時，若是無法回應這個期待，想法會變得如何呢？

「會認為，要認真努力才行。」

即便如此，還是辦不到呢？

「就會認為，必須要再更努力才行呢。」

要是真的還是辦不到，想法又會變成什麼樣呢？

「會覺得（明明必須努力，卻做不到的）自己很沒用，然後就此失去自信與幹勁也說不一定。」

不斷地爭著輸贏，就會陷入第16頁所介紹，「應該」的想法陷阱之中。

貶低對方，抬舉自己的下場是……

另一方面，要是沒有任何一個人來誇獎自己的話，情況又會是如何呢？

對於沒有能夠給予自己評價的人，假如這樣問：「你是否曾經想過『啊，贏過A真是太好了』，而打從心底覺得開心的時候呢？」

有些人會回答：「只要A失敗了，遭受誰的斥責的話，雖然會覺得此舉很輕率，但還是會抱持著活該、這就是報應的心情。」

假設說A真的以這種形式失敗了，若是再問：「對你來說，這樣會造成什麼樣的影響嗎？」

可能會得到這樣的回答：「只要A失敗的話，不就等於我的評價會自動上升嗎？」

「那麼，如果是以這樣的方式間接使你的評價上升，你會怎麼想呢？」

「評價上升的話，就會認為應該要回應這樣的期待才行。」

「所以，要是你沒辦法回應這樣的期待的話呢？」聽到這樣的問題之後，你就會發現，問題又回到了先前剛開始的思考當中。

結果，就會變成**為了獲勝而認為「不努力不行」，無法努力的自己是很糟糕的人，只要沒做好工作就會喪失自信。**

想贏得勝利，是因為想要自信嗎？

透過競爭勝負這個行為，人們對於「想讓自己獲得認同」的慾望就會變得更強。這樣的慾望本身並不是一件壞事，我也不是要說不能競爭勝負。

只不過，所謂**「想被人認同」**的慾望，**原本是從「自己想要認同自己」**的慾望當

中所產生的。

簡單來說，這就叫做「自信」。按照文字表面上的意義，也就是指「相信自己」的意思。

自己認同了自己本身的價值，如果能像這樣擁有「自信」的話，這樣的滿足感，將會比受到其他人的肯定還要來得更大。

不論怎麼說，因為是「自己認同自己」，所以不需要依賴其他人。

不是和對方比較「贏了、輸了」，而是自己認同這樣的自己。比方說：

「比起一個月前，我用電腦工作的速度變快了，我確實有在成長。」

「我變得能夠遵守工作的期限，或是遵守約定好的時間。這對我來說是相當有價值的事情。」

和他人競爭勝負，必須「贏過」對方才能獲得滿足感，想用這種方式來滿足原本的慾望想必是很困難的。

唯有自己認同自己的價值，才能產生真正的自信心或自尊心。

停止永無止盡的「勝負」思考

無法做到的人　競爭下去，會變得只能不斷贏過對方。

能做到的人　不用贏過別人，也能獲得自信。

04 停止「希望被了解」的思考

當我們面對他人時，**「想要為對方做些什麼」的想法，與「希望被對方了解」的心情，其實是一體兩面的關係**。

假設想要為對方「做些什麼」，是出自於好意、善意的心情而行動時，會根據自己本身想為對方做什麼的行為而產生滿足感。

在這個時候，我們並不是抱持著「正在給予」的優越意識，而是抱持著「因為我想，所以我才這麼做」的心情。

由於自己「想這麼做」，這個行為的責任就在自己身上，所以不會產生要求對方回報的心情。此外，也因為是出自於自己「想這麼做」的慾望而採取行動，所以會感受到滿足感以及充實感。

雖然在實際的情況下，對自己來說，即使想為對方「做些什麼」並抱持行動的打算，也有可能會認為「都只有我這一方在做，對方完全不做」。

如果我們產生這樣的不滿，就會**認為「必須放棄才行」，而所謂「想為對方做些什麼」的想法，說不定也只是根據慾望所模擬變化而成。**

都是我在做是種損失嗎？

這種變換的根本，便是基於「應該要」、「必須這麼做不可」的思考。

「必須待人親切有禮才行。」

「在職場上，大家必須互相幫助才對。」

「因為受到雙親的養育，所以自己長大後也應該要照顧他們。」

當你抱持著這種「應該」的想法在給予對方好的時候，實際上對得到的人來說是情非所願的。

儘管對已經習慣了以「應該」想法來行動的人來說，大概也不會注意到自己正在勉強。即便如此，對於正在勉強這件事而言還是沒有任何改變。只要繼續勉強下去，就會認為「光只有我在為對方做事，真是損失」，一旦開始計算得失，下場則毋庸置疑。

為此，這時會開始要求對方：**「我已經為你做了這麼多，你至少也該做些什麼才對吧？」**也是很自然的事。

想要為對方「做些什麼」的時候，只要抱持著單純抱持著「我想為對方做些什麼」的心情的話，自己就能從這個行為當中獲得滿足感。

只不過，倘若在「想為對方做些什麼」的心情中，隱藏著想要對方回報的期待，這時又該怎麼辦呢？

這時，我們會變得希望對方能夠「了解」自己的想法，假如對方沒有給予與自己的期待相對應的回應的話，就會產生不滿的心情。

正如同第36頁所述，其實「想要為對方做些什麼」的想法，與「希望被對方了解」的心情，是一體兩面的關係。

原本是打算「為他做些什麼」的說……

「想為他做」與「希望他能了解」之間的爭議

你在對人訴說「想要你了解」的時候，是抱持著怎麼樣的心情呢？

比方說：「明明希望你了解，為什麼就是不能了解我呢？到底我該怎麼做才能讓你了解呢？」

假如這樣的話在心中不斷地重複，你的心情又會變得如何呢？

由於這段話帶給人一種堵塞的感覺，是不是感覺彷彿被對方給逼急了呢？

而這樣的心情，就對方來看也會認為：

「因為我也有做，所以你才應該這麼做。」

「明明我都這麼努力了，為什麼不願意評估看看呢？」

「明明就是你的錯，為什麼連這一點都不明白啊？」

若是不斷持續上述的說法，即使原本一開始是抱持著「希望你能了解」的心情，也會因此湧現出想要責備對方的心情。

就好比親子之間，針對「母親準備好的料理，孩子卻沒有吃」這件事來說，便很容易引發上述爭執的情況。像這樣爭執的時候，彼此會陷入情緒化的狀態，其實這都是為了想讓自己的主張被了解，所以認為「希望你能了解我的想法」。

在第三者的眼中，這樣的場面或許顯示出像是要展開熾熱戰鬥般的景象。但對當事者而言，其實就只是想要表達「希望你理解我的想法」的訴求罷了。

當然就雙方而言，彼此只是互相抱怨著「想要對方了解」，所以終究還是無法理解對方的想法。

為了**擺脫像這樣沒有價值，「想要對方了解」的討價還價要求，就必須靠「互相理解」**。

從「希望他能了解」到「互相理解」

所謂「互相理解」，是指感受對方的心，而同理心在此是不可少的。

比方說：「明明我必須兼顧工作和家事，為什麼你卻不幫忙做家事，要怎麼樣你才會了解呢？」然後雙方為此抱持著不愉快的心情。

像這種時候，若是你能以同理對方的心情出發，經過深呼吸冷靜下來後就會發現：「原來這只是我自己希望對方能夠發現我的要求而已，因為我之前一直沉默地忍耐著，對方沒有發現到也是正常的啊。」

然後，心情就會轉變為：「那麼，就老實地告訴對方自己的心情看看吧。」

即便你是處於被說的那一方，只要抱持同理心，也會對對方湧現出「這真的是很難呢，我可以理解你的想法為什麼會這樣」的心情。

只要能說出具有同理心的話，對方就會產生一種「被了解」的感覺。

請停止「希望對方了解」，只要將想法轉換成「想要互相理解」的話，就能從令你覺得煩雜的人際關係中解放出來。

停止「希望被了解」的思考

無法做到的人	總認為「不被理解」、「不願意幫忙」而感覺煩躁。
能做到的人	能以同理心互相理解。

05

停止只會讓人疲累的「在意」思考

「想要與人相處融洽，就必須處處留意對方的想法。」我想絕大多數人，都這麼相信著。

然而，**所謂的「留意對方」，正是他者本位的典型**。

在你不斷地留意著對方的想法、心情時，你與對方的關係，真的就因此而變好了嗎？或者說，像這樣以他人為中心，老是以別人為優先，你自己是否感到滿足呢？

其實，自己「是否有感覺滿足」，是相當重要的。

這是因為，即使你再怎麼想要留意對方的想法，總有一天還是會到達極限，變得無法再繼續下去。

「想法」與「感情」的巨大差異

大部分的人都很容易忘記，實際上**「自己的心情或感情」，與「自己的想法」是不同的東西**。感受與思考是兩種不同形象的東西，請你務必要認知這一點。

同時最好也要知道，絕大多數的人都自認為比起「感情」來說，會更傾向於受到「想法」的束縛。

當人們受到「想法」的束縛時，會對自己目前的感情感到漠不關心。

並且在面對對方時，經常會一邊思考一邊留意對方的想法，例如：「假如我這麼說，會不會使對方生氣」、「假如我這麼做，對方會怎麼想呢」等等，然後變得越來越在意對方的想法。

那麼，當你像這樣在意著對方的想法時，你在這個狀態下，是會感覺心情很好、很舒適，還是感覺到拘謹、不舒服呢？

假如你的想法受到對方的束縛，總是在意、臆測對方現在是什麼樣的狀態、心情，一邊害怕著會不會被討厭或是引發問題，一邊思考著「要做出對方會喜歡的行動」，這個時候，你的心情絕對說不上是舒服的。

而且，當你邊留意對方邊行動的時候，要是對方對你的努力絲毫沒有半點回應的話，你就會產生不滿，認為「明明我這麼為你著想，這個人怎麼這麼遲鈍啊」。

甚至也有可能，你自認為的貼心舉動，反倒使對方覺得「我又沒有拜託你這麼做，你這樣讓我很困擾」，要是聽到對方這樣說，你一定會感覺很受傷。

所謂的留意對方的心情，就是這麼一回事。

比起試圖留意，不如直率地詢問對方

當你為了對方處處留意時，其實你只是將自己的各種恐懼隱藏起來，忍耐著不表現出來。

只不過，實際上你的緊張或是恐懼，會讓對方感到更痛苦。甚至我可以毫不誇張地說，萬一對方離開你就是因為這個原因。

即使你隱藏自己的心情，處處為對方著想，這樣的努力卻無法獲得回報，此時面對對方的挫敗感，就會變成使你疏遠對方的原因，這真是一件吃力不討好的事。

比方說，當你想要送禮物給對方，正當你不斷思考著要送什麼才好的時候，想必你本身是沉浸在幸福的心情當中的。

「只不過，一想到對方收到這項禮物不一定會開心，果然就會開始在意起來。」當然，也是有著這樣的可能性存在。但若是因為這樣就認為「所以要觀察對方的表情，必須更留意才行」，那可就大錯特錯了。

雖然你想要送禮物給對方，可是卻總想著「要是被回絕說不要該怎麼辦」、「要是對方不喜歡的話要怎麼辦」等等，不斷為了猜測對方的心思而煩惱，最後就會對挑選禮物這件事情感到煩躁吧。

我認為，當你陷入這種時候，你可以直率地詢問對方：「我想送個禮物給你，你想要什麼？」這就是能讓你從煩雜的狀態中脫離出來的方法之一。

實際上，我們之所以如此在意對方的想法，是因為在自己心中存在著各種恐懼，例如：不想受傷、不想被討厭、不想吵架等等。

面對這樣的恐懼，就算想要用頭腦理性地解決，想必也很難找到令你感到爽快的解決方法吧。

相較之下，「只要有在意的事情，就直率地向對方詢問」，培養這樣的勇氣，才

停止只會讓人疲累的「在意」思考

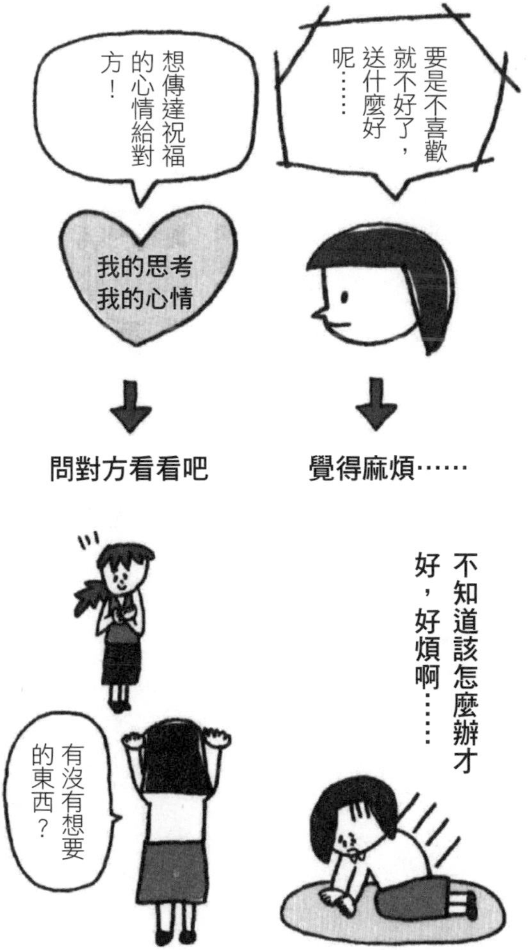

是對長久而言較有益的做法。

停止在意對方的思考，並不會使你和對方的關係變壞。

相反地，比起因為害怕恐懼而壓抑心情，導致覺得人際關係很累，或許這麼做會使你感到心情很爽快，反而使關係變好也說不定。

只要停止在意，不刻意隱藏恐懼，各式各樣讓你覺得很煩雜的事情，一定就會大幅減少。

停止只會讓人疲累的「在意」思考

無法做到的人　不斷持續著幫助不了人的「在意」。

能做到的人　能從「在意」的束縛當中解放出來。

06 停不下來的被害妄想，停止「過度解讀」思考

想法受到他者本位束縛的人們，會不斷地窺探對方的事情，不斷地探詢對方心中的想法，例如：「他到底是怎麼認為的」或「他到底是怎麼想的呢」等等。只不過，即使像這樣不斷地在腦中思考，絕大多數的情形下，還是沒辦法猜到對方的心思。

混淆了「事實」與「揣測」的過度解讀思考

舉例來說，某位女性A片面過度解讀了對方的想法，並且為此生氣不開心。

「我是想要鼓勵他才寄信給他，竟然連封回信都沒有，未免也太失禮了。之所以不回信，是因為覺得我在找他麻煩吧。居然這樣糟蹋我的好意，真是不可原諒。」

然而，實際上發生的事實又是如何呢？就只是對方「沒有回信」這麼簡單而已。假如像上述這般，**混淆了發生的「事實」與自己腦中的「猜測」，並且過度解讀的話，只會為你的人際關係增添更多不必要的煩惱。**

以這位女性A來說，她對實際上並沒有發生的事情做了過度解讀，並且覺得生氣。然而B之所以沒有馬上回覆，是因為覺得「信件的內容，並不是輕鬆回答就好」的緣故。

說穿了，B會認為「不能輕鬆回答」，也是因為深知她的個性：「A總是馬上過度解讀對方的想法，獨自覺得受傷。」

又或者B是陷入進退兩難的局面，心想：「要是不趕快回信的話，A會生氣吧。但要是隨便回覆，或許也會讓她生氣，必須謹慎小心才行。」整個人處於擔心「A是不是在生氣」的狀態中。

只要關注「事實」本身，就不會搞砸

首先，A並不認為自己寄的信件，是「不好回覆的內容」。而這也是受他者本位想法所束縛的人，常有的一個很大的缺點。

A抱持著「因為我寄信給他是出自於好意，所以對方也應該要以好意回覆才行」的想法，基於這個心態作為出發點，只要沒有收到回信，想法就會轉變為「因為對方討厭自己」、「對方對自己抱持著惡意，認為自己是在找他麻煩」。

越是認為人際關係很麻煩，並且受到這種思考束縛的人，就越是沒有辦法只將「實際上發生的事實」作為關注焦點，他們會以這個事實當作基礎，擅自進行各式各樣的腦中推演。

然後，久而久之就會把自己的猜測當成了真實情形。

這樣的猜測，會害你單方面的搞砸與他人的關係，使你覺得人際關係怎麼會變得如此麻煩複雜。

為了不使關係走到這個地步，首先我們必須**「只將焦點鎖定在事實本身」**。

為了將事情作個爽快的解決，這是非常重要的一個關鍵。

基於這個「事實」，如果你總是過度解讀對方的想法，那麼你就會誤以為自己所創造的虛構世界是事實，變得容易對人生氣或是產生怨恨的心情。

比起「不要過度思考」，應「將關注焦點放在感情上」

那麼，當我們陷入了過度解讀的臆測狀態時，該怎麼做才好呢？

像這種時候，絕大多數受到「思考」影響的人，都會回答：「既然如此，那只要不要多想，不要過度思考就好了吧。」

如果你能真的就不去想，自然是沒問題。只不過，受到「思考」限制的人都有個頑固的壞習慣，那就是想法會不斷地重複繞圈圈。

對這些人而言，說「不要去想」根本就是很難辦到的事情。

正因為如此，我們在這種時候更應該學會使用自我本位，將意識導向「自己的心情或感情」。

以前文中的女性A為例：「因為沒有收到回覆的信件，所以感覺很不安，很擔心。」只要像這樣注意到自己的心情，並且直接將自己的心情，坦率地寫成信件傳達給對方，就可以了。

又或者是：「因為遲遲未收到回覆，所以我很在意。我是不是說了什麼讓你覺得不舒服的話了呢？」

像這樣，與其悶悶不樂的等待對方回信，不如採取自己主動向對方「傳達自己的心情和感情」，才是解決令你感到煩雜的人際關係的正確之道。

停不下來的被害妄想，停止「過度解讀」思考

無法做到的人　會為了實際上沒發生的事而生氣。

能做到的人　不用為了多餘的煩惱生氣就能解決問題。

第二章

想要不為人際關係煩心，請停止這種態度

07

別老是覺得要和大家成為好朋友

相信絕大多數的人，都理所當然地認為「要和大家變成好朋友」。然後，會為了打好關係而不惜一切努力。例如，為了成為好相處的人，而去配合別人的對話、強顏歡笑等等。

然而，當你說「想要和大家成為好朋友」的時候，你是否曾經好好地去感受，自己說這句話時的心情。

比方說，在職場或學校當中，想起了討厭的人，或是過去曾經傷害過自己的人時，你還能打從心底的說出「想和大家成為好朋友」嗎？

不跟大家當好朋友，真的不行嗎？

在前面第一章當中也有提到，「想法」和「感情」是兩種不同的東西。抱持自我本位的人，能將自己的感情作為關注的焦點。但是大多數他者本位的人們，是無法將自己的感情作為關注焦點的。

這是因為，他們不斷地讓自己的意識傾向於為別人著想。他者本位的人，他們的意識會傾向於注意周圍的動向。

以他者本位思考，也不是全然都沒有優點可言。比方說：「我受到那個人的尊敬與喜愛」、「那個人很溫柔，這個人也很溫柔，大家都是溫柔的人」。像這樣的想法，就算可能只是自己的誤會，還是會覺得開心吧。

然而，就現在的社會而言，比起對他人的看法抱持著好意，反而是抱持著否定的看法的人，要來得壓倒性的多。

又或者，即便對他人沒有抱持著否定的心情，只要對自己的評價不高的話，就很容易認為「除了我以外的人都相處融洽，根本就沒有人會喜歡像這樣的我」。若是對自己抱持著如此否定的想法，就會因為別人的一舉一動而繃緊神經，或是對於對方的言語行動產生過度敏感的反應，總是為此而擔心。例如：

「不知道大家是怎麼看我、評價我的？」
「那個人沒和我打招呼，我是不是被他討厭了呢？」

若是陷入了自我評價低落，對他人總是抱持負面想法的情況，就會對被討厭或是被責備的狀況，感到極端的恐懼。

像這樣陷入他者本位的人們，即便對方是抱持著好意給予建議，或是提醒要多注意，都只會被當成「被指責、被批評了」。

你越是在意對方，就越容易因為和人相處而感覺麻煩，或依據情況的不同，而感到「害怕人們」。

然而，越是像這樣對他人抱持著否定心情的人，就越會認為「所謂人類，就是必須和大家好好相處才行」。

當然，這也有可能是因為你害怕被別人傷害的緣故。

假如你一開始就把「要和大家成為好朋友」當成目標的話，很有可能你的想法就

以「他者為中心」，就會在意別人的一舉一動

會變成「沒辦法和大家當好朋友的自己，真是糟糕」。但這只是因為，你打從一開始就漠視自己的心情或感情，所以思考本身才會產生錯誤偏差。

即便你認為「和大家當好朋友」是很理想的相處模式，不過卻無法強迫自己去認為「如果在未來人類都能和睦相處就太好了」。

比「當好朋友」更重要的事

那麼，假如你的想法是「原來是這樣啊，我並不是想跟大家成為好朋友，只是害怕人群罷了」，那麼心情又會變得如何呢？

又或者是，「比起和大家都當好朋友，更重要的是現在自己感受到的心情。有討厭的人就討厭也沒關係，不擅長與他人相處就不擅長也沒關係。」

只要這樣想，心情又會變得如何呢？

請你實際地發出聲音朗讀上述這段文字，然後確認自己的心情變得如何，好好地重新體驗一次看看。

光是這麼作，我想你的心情應該就會變得輕鬆許多了。

這都是因為，比起他人，你開始將關注的焦點轉移到自己的心情上的緣故。而且不論你感覺到自己有什麼樣的感受，你都能夠認同這樣的自己。

縱使無法馬上消除「對人恐懼」的心情，但你若是想要消除因為人際關係所產生的煩躁感覺，就必須要認同、正視自己「現在的感情或心情」。

別老是覺得要和大家成為好朋友

無法做到的人　會想被「大家」所喜歡。

能做到的人　能以自己喜歡的樣子為優先。

08

停止假裝成抗壓性很強的樣子

你怎麼看待現在這個社會呢？

「這個社會充滿了壓力，自己必須要提升抗壓性。」
「因為想在社會生存是很嚴格的，所以應該要不斷忍耐。」
「就算發生痛苦的事情，但為了要撐過去，所以必須擁有強大的精神力。」

我想，應該有不少人都有如上述一般的想法吧，又或者你認為：「因為這個世界就是競爭的社會，必須戰鬥才能生存下來」，也說不定。

那麼，如果你在平常就一直是這麼思考的話，在思考的瞬間你的身體又是怎麼樣的情況呢？

說的也是，我想應該是處於緊張狀態吧。換句話說，也就是抱持著壓力的狀態。

不可以輸給壓力！光是這麼想也是一種壓力

比起自己而言將意識更傾向他人，所謂他者本位的人們，從平常開始就沒有注意到自己是怎麼說話、怎麼思考的。為此，即便問他們「自己平常有沒有感受到壓力」，多半也沒有注意到吧。

只不過，儘管平常不會意識到壓力存在，但只要一提到「社會是很嚴格的」、「但是，還是不可以輸給壓力啊」的話，就會因為這樣的想法，不斷地讓自己曝露在壓力之下。

那麼，如果換成以下的做法又如何呢？

「原來這樣思考，會在自己不知道的時候，不斷地增加壓力。那麼接下來就要**更留意自己，注意平常的想法**。只要注意到了，就慢慢地減少這樣的思考就好了。」

試著像上述一般思考，結果又會變得如何呢？

光是這麼做，是不是就能稍微紓解緊張了呢？

像這樣在不知不覺的時候，獨自陷入「負面思考」中，也會製造出壓力。

「抗壓性很強的人」是真的很強嗎？

「但是，有很多艱難的工作，要是因為工作很痛苦就休息的話，之後就會變得很難再回歸職場。所謂的社會是很嚴格的，這就是現實。」我想，應該也有人抱持著這樣的反論吧。

當然，事實的確是這樣沒錯。

在此要請你想一下，在你的身邊，有沒有哪個人讓你覺得他的「抗壓性很強」呢？不論是誰都可以。

無法馬上在腦中浮現人選的人，或許你總是在腦中「含糊地思考」，認為「因為現在的社會很嚴格，所以要成為不論是什麼壓力都能撐過去的人」也說不定。

如果是這樣的話，不論你有多麼想要讓自己的抗壓性變強，只要你的想法或方法飄忽不定，就會一直處於被壓力追著跑的狀態之下。

那麼，假如在你的身邊有讓你覺得抗壓性很強的人的話，那又會是如何呢？

首先，請先試著想想看，那個人會是個怎麼樣的人呢？

他是不是從平常就擺著一副苛刻的表情呢？

如果是的話，那就可以說，你所認為的抗壓性很強，長得就是這副模樣，而這樣的概念本身是錯誤的。

因為有著如此苛刻表情的人，不論是否看起來抗壓性很強，這個表情本身就已經顯示出他正處於感受到強大壓力的狀態。這個表情，也可以說是邊與人戰鬥邊忍耐著的模樣。

一邊與他人戰鬥，一邊強迫自己忍耐，就會產生巨大的壓力。像這樣的努力，總有一天會變得不堪一擊。

要找到「不會產生壓力的生活方式」

那麼，在你的周邊有沒有看起來卸下肩上的力氣，正在放鬆的人呢？而且即使他很放鬆，還是能很順暢地完成工作。

像這樣的人，才是實際上真正抗壓性很強的人。

我這麼說，或許你會認為這樣的人，應該有著「很開朗活潑，不論與誰都能相處融洽，被大家喜歡」的形象也說不定。

不過遺憾的是，擁有這種形象的人並不僅限於抗壓性很強。因為這樣的人，或許是在偽裝自己的內心也說不定。

偽裝自己，扮演讓人產生好感的人，這些行為都會埋下壓力的種子。與此同時，如果認為「必須開朗活潑，受到大家的喜愛才行」，這樣的思考也會因為「否定自我」而產生壓力。

在嚴酷的社會當中，能與壓力好好相處的人，比起自我否定，他們更能接受真正的自我。

例如：認同「軟弱的自己、黑暗的自己、不被喜歡的自己」。

實際上，比起讓抗壓性變強而言，不如**讓自己變得不容易感受到壓力**。

這並不是指「要你不去感受壓力」。

而是與其成為抗壓性很強的人，不如將目標擺在不會產生壓力的生活方式。為了達到這一點，重點就是無論是什麼樣的自己，都可以認同接受。

停止假裝成抗壓性很強的樣子

無法做到的人　會邊認為不能輸給壓力而不斷忍耐。

能做到的人　會盡量不製造會感受壓力的狀況。

09 停止對工作麻木

我想，大概大多數的人都認為「在工作中不可以帶入個人的感情」。或許也有很多人會認為，「因為是工作，必須（壓抑個人的感情）忍耐才行」、「在工作時，必須對自己的職務內容或立場有所自覺，並且壓抑感情才行」。

嘴上一邊這麼說，實際上在職場中卻完全沒有聽不見抱怨的一天。之所以會不斷地在各式各樣的職場產生抱怨，就是因為許多人的感情沒有獲得滿足的緣故。

人類是一種即使正在做工作，也無法壓抑自我感情的生物。一旦受到傷害，就無法原諒。

即使想要切割在工作中感受到的不舒服，還是會下意識的記得牢牢地。如果不能消除的話，就會在某處等待著「報復」的機會。

比方說在職場上，會有用挖苦的方式回覆對方說話的人存在。不論他裝得有多麼冷靜，但這也是一種情緒化的表現。

挖苦的行為，絕對不能說是懂事的表現。這單純只是使用言語，情緒化地「報復」對方罷了。

若是抱持著這種報復的心態，即使你所討厭的對方提出了更好的點子，你也會因此反對，並且總在無意識中做出這樣的事情。

在無意識間瞄準的「報復」

不論在什麼樣的組織當中，都存在著或大或小的派系。即使不是像派系如此誇張的說法，也會有著要站在哪位上司和前輩那一邊的情況吧。

這時，「冷靜地思考後，跟隨這一邊似乎比較多優點，那就選這邊吧。」

即使你的選擇經過仔細評估利益得失，可是你的腦中還是無法分割「喜歡或討厭」的感情。

只要所屬的派系與你不合，就會逐漸感覺痛苦，要做出選擇也會慢慢變得困難。

不論何時何地，我們都無法不帶情緒地說話。最根本的一點，就是因為我們無法壓抑自己的感情。

甚至絕大多數的人都相信，如果不強迫抑制自己的情緒，工作就無法順暢地進行下去。

假設你認為自己可以壓抑感情，即便如此，**人們在下意識之間，還是會以感情作為選擇的基準**。

人類無法壓抑自己的感情。正因如此，所以我們否定、壓抑自己感情的行為是相當不自然的。

相反地，接受、肯定自己內心的負面感情，比較不會變得情緒化。

這又是為什麼呢？

你是不是同時踩下油門和煞車呢？

首先，想要壓抑自己的感情的話，就會為了壓抑自己的感情，而使用到自己的能

雖然在工作時想要「排除感情」……

量。依據不同的情況，光是這麼做就會使大量的體力和精神消耗殆盡也說不定。

如果以車子來比喻的話，就像是一邊踩著油門，一邊又要踩煞車的狀態一樣。

只不過，想要讓車子停下來，明明只要踩下煞車就好了。

這意味著，你所消耗的能量大部分都只是浪費。

更何況這麼做，即使能在討厭的人面前壓抑情緒工作，也會因為對方的一舉一動而讓你開始覺得麻煩。

要是這種情況變得更進一步的話，不論是清醒還是睡著的時候，整天都會體驗到像是和討厭的人在一起的痛苦。像這樣壓抑情緒的狀態，你能夠持續多久呢？

若是不斷地想要壓抑感情，反倒會變得情緒化，發出叫喊、到處感到焦躁、與人爭辯，或是挖苦別人，做一些讓人討厭的事情。

如果在職場中充滿像這樣壓抑自我感情的人們，彼此就會不斷地抱怨，為了互相報復，而使工作無法順暢進行，不但錯誤和失敗會增加，效率也會變得非常差。

不壓抑感情，反而能避開爭辯

如果坦率地接受自己的感情，又會是什麼樣的情況呢？

比方說，你非常討厭職場上的同事A。但是如果問你，為什麼如此討厭A？

「沒有任何理由，總之我就是討厭他。」

或許你這麼回答，只是不想說出真正的原因也說不定。

那麼，假如要你回想一些關於同事A的具體事蹟，試著找出在什麼樣的情況下會對A產生不舒服的感覺。

如果像上述所說，仔細探索自己的內心的話，例如：「A總是將自己的工作丟給我解決」、「A總是監視著我，想要抓到我的把柄趁機要脅我」。

你就會發現其實自己是被同事A具體的言行所傷害，所以才如此生氣。

即便你們在個性上完全合不來，比起壓抑感情不斷忍耐，不如以「我就是討厭這個人，我就是不擅長與這個人相處」的方式，認同自己的好惡感情，並且**在進入爭辯狀態之前，將能量使用在守護自己身上**。例如：「因為討厭這個人，所以為了保護自己就拒絕這項工作吧，盡量不要離他太近。」

千萬不要只是因為「無法壓抑自己的感情」，而為對方做任何事情。

只要自己能坦率地接受自己的感情，這樣就好了。

假如能做到這一點，就能夠冷靜地應對任何事情，也就不會讓事態演變成情緒化的爭辯了。因此，或許你就可以和討厭的人單就「工作上的關係」，保持簡單的相互聯繫。

停止對工作麻木

無法做到的人	會累積不舒服的感覺，無法專心工作。
能做到的人	能與令你不舒服的保持距離，也能專心工作。

10 停止改變對方

如同前文所說，抱持著他者本位思考的人，在面對其他人時，時常會生氣，或傾向批評對方。例如：

「為什麼可以這麼沒有常識啊？」

「為什麼做事那麼不負責任，真令人不敢相信。」

像是上述這般，在心中否定、批評對方的時候，你的心又有什麼樣的感覺呢？你對另一個人的感覺是舒服的嗎？又或者，你會想要親近對方嗎？

在這個時候，我想應該會有人這麼回答：「只要對方能改變他的態度的話，我就願意和他好好相處。」

只不過，在你變得想要否定對方的時候，你自己本身，其實也認為對方讓你感覺到不舒服。

或許你會說：「這不是理所當然的嗎。」但如果你真正理解這個道理的話，就會因為自己覺得不舒服，同時承認對方也對你感覺不舒服。

假如你明明否定對方，卻要求對方必須要喜歡自己，這未免就太不合理了。

此外，如果你感覺不舒服的話，那麼另一個人也會留下不好的印象。反過來說也是一樣的道理，為了不讓對方覺得我們不舒服，也可能是因為你認為自己給人的印象不好。大多數的情況下都無法確定，是哪一邊先開始的。

像這樣的互相作用，我稱之為「關聯性」。

簡單來說，當自己抱著討厭對方的心情下，想要對方對自己抱持著良好的印象，也會變得困難。

所以，如果你希望「不論如何我都想讓對方認為我是最好的」，最好的解決方法就是改變自己。然而，是否真的希望為了對方而讓自己改變到這個程度，這又是另一回事了。

「雖然我討厭，但是你要喜歡」是很難的

凡事都是由「關聯性」所組成的。

即便這是個基本概念，但對他者本位的人來說，在他們自身的思考中，無法適應這樣的「關聯性」。

這裡所謂的「關聯性」，我們通常會透過無意識地交換資訊來建立。我們會在無意識當中接受對方的資訊，並且傳達自己的資訊。

正因為彼此處在互相交換資訊的情況下，**只要某一方抱持著負面的感情的話，另一方也會有所感覺。**

比方說，當父母抱怨「孩子討厭念書而覺得傷腦筋」的時候，並不是孩子一出生就討厭念書，而是因為親子之間的「關聯性」所造成。

假如父母整天總是監視著孩子，在孩子的耳邊說：「要用功念書，快去用功念書。」然後一直持續責罵，你認為孩子對用功念書會抱持著怎麼樣的想法呢？

這樣的情況其實不僅限於孩子，人們只要陷入討厭的心情，就會希望能夠趕快「消除」這樣的情緒。但要是不知道正確的消除方法的話，就會認為必須藉由報復對

方的行為才能獲得解決。

以上述案例來說，如果孩子變得討厭念書，都是因為父母強迫孩子的緣故。根據這樣的「關聯性」，孩子才會變得討厭念書。

只要從「關聯性」的觀點來看，我們可以得知，**很有可能自己在看待對方時所抱持的心情，另一方也是抱持同樣的心情在看待我們。**

同樣的道理，從我們對對方做的事情來看，有很大的機率也是我們在對自己做的事情。

當然，實際上有客觀的好壞，或是對錯。但是對於一般的人際關係來說，如果你對對方的某一個言語或行動，抱持著以下的想法，例如：

「我討厭這個人的這一點。」

「為什麼要這麼過分呢？」

「因為不管說幾次，都一副沒有在反省的樣子。」

「明明就沒做好工作，怎麼可以如此不負責任。」

如果你像這樣否定對方的話，或許對方也同樣會對於你的言語或行動，抱持著批判的心情。

以彼此覺得不舒服的「關聯性」來看，對方也會因為看到你討人厭的地方，而覺得不舒服吧。

不必為了對方改變自己

我們不可能期望或要求改變另一方。

越是期望改變對方，就越是無法按照想法去做，並且和對方之間會產生摩擦，最後演變成麻煩的人際關係。

所以，無論我對另一方感到多麼滿意，另一方也都同樣不會改變，除非我本身先改變對另一方的看法。

即使我們沒辦法改變對方，卻也不是要你這樣想：「我是不是必須為了對方而改變自己。」

我們應該把重點放在**「為了自己、為了讓自己能夠過得舒服，所以自己應該要怎**

麼做才好」，以自我本位的方式思考就好。

與其努力想要改變對方，不如思考如何讓自己成長才會感覺輕鬆，這麼做也比較值得，不是嗎？

停止改變對方

無法做到的人　不斷要求「你要成為我喜歡的樣子」。

能做到的人　比起改變對方，不如讓自己成長。

11 停止察言觀色的假笑

在我們的身邊，有些人常會不自覺地保持禮貌性的笑容。例如：

「雖然不喜歡處理別人推來的工作，但因為不想引起風波，所以只好禮貌性地笑著答應了。」

「在會議中被對方指正的時候，因為不知道該怎麼回答，所以只好禮貌性地笑著敷衍過去。」

像上述的情形，的確只要禮貌性的笑一笑，當下就可以掩飾帶過。

當你不知道該用什麼樣的態度回答時，只要禮貌性的微笑，就能避免產生紛爭。

作為守護自己的一種手段而言，其實這並不是多壞的方法。

只不過，**禮貌性的笑容，依據不同的用法很可能會變成「假笑」**。

不是因為不想笑而笑，而是因為害怕對方而勉強擠出笑容。

當我們勉強自己做出這種假笑的時候，或許有些人會心想：「反正對方並不會注意到」，也說不定。

只不過實際上，絕大多數的情況下，對方都會注意到你正在假笑。

假笑會給人一種沒有敞開心胸的印象，也會給對方一種你很尷尬、痛苦、不自然的感覺。

如果你是因為害怕對方，才時常像是自動反射一般地擠出假笑，那麼或許你也時常會認為這樣的自己很丟臉或是悲慘。

「那個時候，要是能夠不用假笑敷衍過去，坦白說出自己的心情該有多好。」

甚至你可能會責備起這樣的自己。

「又用假笑來解決帶過，這樣的自己真是有夠沒用。」

因此而變得自我厭惡的人也大有人在。

如果假笑已經變成了你的習慣的話，在想哭的時候，也會變得無法好好地哭泣。

這種狀況下，你是否會假笑呢？

而且就算在某些情況下你很悲傷想要哭泣，卻還是會硬是擠出笑容，導致內心產生複雜的情緒反應，最後只會讓自己感覺痛苦。

舒緩假笑的「僵硬感」

對於已經養成用假笑來解決問題習慣的人來說，會因為多年的恐懼，使得你的脖子、肩膀都感覺好像鋼鐵一樣僵硬。

如果想要緩和已經變得僵硬的肌肉，就先從身體開始放鬆吧。

【從假笑中脫出的放鬆法】

1. 全身用力，然後再一口氣放鬆。請緩慢且小心謹慎地進行。
2. 當你全身放鬆時，請充分體會肌肉放鬆的狀態，直到你感覺很舒服為止。
3. 然後在2的狀態下，坐到椅子上或是靠著牆壁，抱持著好像要把身體交給椅背或牆壁的感覺。

對時常假笑的人來說，由於他們的內心總是充滿各種害怕的情緒，所以有可能會無法放鬆身體，也無法讓身體好好透過椅背或牆壁放鬆也說不定。

越是有這種情況的人，越希望能夠好好實踐上述這個放鬆法。請不斷地重覆嘗試，直到能夠實際感受到將全身的力氣都放鬆的狀態為止。只要能放鬆全身的力氣的話，臉部的肌肉也會放鬆，表情變得和緩。最重要的一點，就是要放鬆下巴的肌肉。然後請好好去體會，並且記住放鬆時的那種感覺。

明明害怕卻笑，是身心不協調

在實踐前文中的放鬆法之後，或許有些人會覺得放鬆讓他感到不舒服。也有些人表示：「怎麼表情好像變得很不親切，所以令我感到很不安。」這麼認為的人，請反過來告訴自己：「不親切也沒關係。」

或許你覺得不以笑容待人是一件很失禮的事情，不過這種放鬆的狀態反而會讓你給對方留下好印象。

明明覺得害怕卻硬是要擠出笑容，表示你的內心和身體實際上正處於「不協調」

的狀態。

這種不協調的狀態，會讓你產生不舒服的感覺。

身心若是處於協調的狀態，自己就會產生安心、舒服的感覺。

只要放鬆全身的肌肉，表情自然就會像是在微笑一般。不需要再勉強自己假笑，將全身力氣都放鬆的話，就能讓自己的心靈感覺和諧。

而這種心靈感覺和諧的狀態，則和「認同自己」以及「珍惜自己」息息相關。

停止察言觀色的假笑

無法做到的人	假笑被識破，不受人喜愛。
能做到的人	以自然的微笑給予對方好印象。

12 停止解讀別人的心情

想要做到在上一篇中所介紹的停止假笑，建議你練習以自我本位思考。只要以他人本位思考，潛意識就會不自覺地傾向他人。而潛意識若總是傾向他人，就容易顧忌對方的言行舉動。

比方說，「不知道對方是怎麼看待自己的」，「這個人應該不會傷害我吧」等等，總是如此探索對方的心思，然後就會變得更害怕人。

甚至，若凡事都變得以他者本位思考，就會因為老是有所顧忌，不斷地在察言觀色，而看不見自己真正的心情。

實際上，也會因為受到對方的言行舉止影響，變得更無法掌握對方的感受。在這種狀態下，即使想要試著和對方好好相處，也會變成白忙一場。

另一方面，若是以自我本位為思考中心，就會將意識傾向於自己本身。

這個狀態要用言語表達是有點難的，不過簡單來說，就是將重點放在自己的五感或情緒。想要變得以自我本位思考，必須牢記這一點。

以自我本位為主並且培養「感受力」，你就可以用「自己的感受方式」，來測量出自己與對方之間關係的距離。

比起對方表面的言行舉止，更要相信自己的直覺

接下來，我將用A、B、C三人來舉例說明。

若是以他者本位來思考的話，就會因為被對方的言行舉止影響，而在意對方所說的話。例如：

A向你打了聲招呼道「早安」。

B只是靜靜不作聲，什麼也沒說。

C則是滿臉微笑地對你說「請多指教」，並且想與你握手。

這時，如果你是以他者本位思考，會變得凡事斟酌對方的態度，或是他說的話。因此對於B，你可能會認為「居然默不作聲，這個人的態度還真差」。又或者會覺得「這個人之所以不打招呼，一定是因為討厭我的緣故」也說不定。

另一方面，對於A和C，由於你只需要關注對方說的話就好，於是會覺得放心。更重要的是，對於展現出友好行為的C而言，你可能會認為「這個人肯定對我抱持著好感」。

那麼，如果以自我本位思考，把關注焦點換成自己的感受的話，又會是如何呢？

或許A給你的感覺，就只是形式上的打招呼罷了，並不會引起什麼特別的情緒。針對B的默不作聲，也可以解讀成因為他對自己抱持好感，所以才害羞到什麼都不說的情況。

最後，即便C是以友善的態度與你攀談，但若是單純用「自己的感受」來看待C的態度或表情，說不定你會覺得「這個人的態度怎麼如此霸道」，或是感受到在友善的態度背後，其實對方很不尊重你，甚至瞧不起你。

感受的方式因人而異，沒有標準答案

那麼，從對方的言行舉止中「解讀」到的訊息，以及你所「感受」到的訊息，究竟哪一個才是正確的呢？

雖然我無法斷言，不過相較之下，我認為「感受」是比較正確的。即使有些人對他們的五感和情緒缺乏敏銳度，但你會發現，幾乎所有人都會用「感受」來作為接受資訊的方式。

而以他者本位思考，相信對方表面上說的話，資訊就會變得扭曲。

假設我們再以前面的A、B、C三個人來舉例，若是要你和他們「一起度過兩個小時」，這時又會變得如何呢？

單純只把重點放在自己感受到的事，和A一起度過這兩小時，你可能會在過程中感覺拘束、不自由。

換成了B，則是一起度過兩小時也不會覺得不舒服，甚至想要繼續跟他相處。

最後，C讓你感覺「很痛苦」，搞不好連十分鐘都快要撐不下去。

比起「解讀」，
直接去「感受」會比較輕鬆

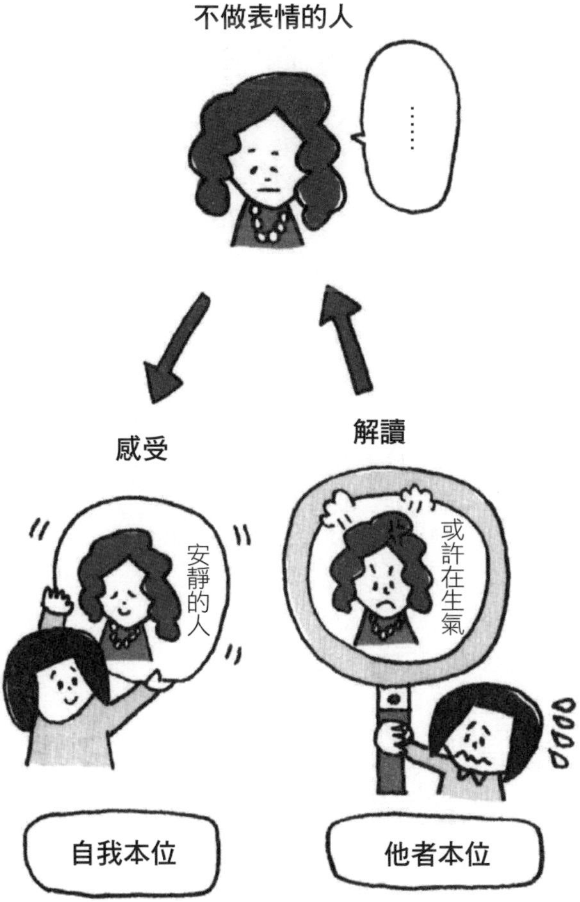

當然，追根究柢這不過都只是「對自己來說，認為如何」的事情。換成是別人，可能對A沒什麼特別的感覺、對B則感到退縮，或是開心地認為C是個很好聊的人也說不定。

感受的方式本來就是每個人都不一樣。

因此，你大可以不用擔心「自己的感受會不會是錯的」。

所謂自我本位的思考方式，是以「對自己來說覺得舒不舒服」作為判斷標準。也就是說，覺得舒服的話，對方就是「對自己來說合得來的人」，覺得不舒服就是「和自己不合的人」。只要優先考慮自己的心情與想法就好。

我們會用「自己感受到的事情」，來獲取、交換彼此之間的資訊。

若是顧慮對方的話，對方就會接收到你想要「探索的意識」。一旦感覺到對方在探索自己的想法，又怎麼可能會覺得舒服呢。即使你處處留意對方，並且處處想展現善意或好感，也會受到「處處小心的意識」影響而感覺拘束。

同樣的，**若對方感覺舒服，自己也會有所感受而覺得舒服；自己覺得舒服的話，對方也會感受到，心情因此變得舒服。**

像這樣不必特地去解讀對方的一舉一動，只要以自己覺得舒服的標準來掌握與對方相處的距離，就結果來說，才不會讓彼此之間產生不愉快。

停止解讀別人的心情

無法做到的人　會被他人的言行耍得團團轉，失去本意。

能做到的人　能夠磨練獲取人們內心資訊的「直覺」。

13 停止只有表面信賴的關係

你是怎麼看待和朋友、異性、另一半，或家人之間的信賴關係呢？

你是否認為彼此都應該要了解對方的一切，不論是想法或意見都要和自己站在同一邊，沒有隱瞞的事或秘密，才能被稱為「信賴」呢？

然後你便以此當作目標，一邊心想著「希望對方能完全了解我，也希望能知道對方的所有」，一邊不斷地踩進對方的內心世界。

於是，如果感覺到自己不被對方所理解，就會不斷要求「希望被理解，希望對方理解」，直到自己被滿足為止。

又或者，假如對方的態度讓你感覺自己不被他信任，就會從「他不願意對我說實話」的不被信任感，演變成窺探對方的行為，或是實際探查對方東西的行為。當你越是努力，就越強迫對方接受「自己的滿足」。

認為「意見或想法一致」等於「信賴」，就糟了

當自己的意見或想法與對方一致的時候，就會感覺彼此的心好像連繫在一起，感受到彼此信賴的心情。

雖然這也可以說是信賴模式的其中一種，不過從一開始，並不是就將目標設定在要使雙方的意見、想法變得一致。

如果你把這種「一致性」當成信賴的話，萬一要是彼此的意見不合時，又會變得如何呢？

即使彼此的意見不同，卻必須基於互相信賴而讓意見、想法「變得一致」的話，其中的一方就必須假裝自己的心。

像這樣某一方以偽裝本意的姿態相處，真的能稱為「互相信賴」嗎？

這與互相分享、互相理解，其中的某一方無需勉強妥協自己的想法完全不同。

「與對方妥協」的想法當中，是不存在信賴感的。

想要變成互相信賴的關係，雙方都必須「認同自己、認同對方」。

舉例來說，你的興趣是A，而對方的興趣是B。

如果是互相認同的關係的話，即使你的興趣是A也不會勉強對方一定要接受。與其強迫對方接受，不如抱持著尊重對方的心情或想法，才能讓這段關係變得更好。

曾經有人問我：「但是，當一起行動的時候，如果我想去的地方是A，對方想去的地方是B的話，那該怎麼辦？」

像這種自己不斷主張「無論如何就是要選A」，而對方則是主張「總而言之應該要選B」的時候，只能說這兩個人之間的關係原本就屬於「衝突的關係」。

在這種狀態下，兩個人不是只有在旅行想去哪裡會抱持對立意見，而是不論在什麼時候，雙方的意見都容易變得對立。

也就是說，當兩個人都固執己見，認為「說到這個，其實應該……」，陷入「反對對方意見」的模式，追根究柢就是因為抱持著「競爭意識」。

如果抱持著競爭意識，那就是「信賴」之外的事了。

反倒是，像這樣爭執不下，也就表示彼此在「認同自己、認同對方」這方面，可以說是不明白這種道理的。相反的，這樣的人若是想要建立信賴關係的話，就必須學會「認同自己、認同對方」。

互相分享與彼此妥協之間的差異

在願意互相分享想法、互相理解的狀態下，雙方會產生信賴感。

首先，為了和對方分享自己的想法，必要的步驟就是和對方討論。所謂的和對方討論，並不是指雙方不斷議論，用口水交戰。而是在內心抱持著一種態度，力求在溝通中找到價值和滿足感。

如果雙方都能透過討論本身感覺到滿足的話，以結果來說，就會擁有「彼此分享想法」的心情，感覺到非常「信賴彼此」。

想讓意見或想法變得一致，並不是設定一個「想讓意見變得一致」的目標就可以完成，必須像這樣經過討論的程序產生。

正因如此，「互相分享」與「彼此妥協」是完全不同的意思。

所謂互相分享，是指尊重各自的想法，好好表達自己的意見，願意更深入地了解對方的想法，找出能讓彼此都感覺滿足的結論。

另一方面，所謂彼此妥協的行為，同時帶有一種「被強迫」的意識。想讓對方妥協的那一方，會為了達成妥協而在過程中自己也妥協了，結果變得彼此都沒有被滿足到，這也是很常見的狀況。

假如兩個人的關係是彼此尊重對方的話，即使各自抱持著A或B等不同的想法，也能夠彼此尊重、認同。

甚至在互相尊重的情況下，有可能會產生新的替代方案，例如將旅程分成多天把A和B都完成，盡可能讓雙方都感到滿意。此外，也會在自己能做到的範圍內，變得互相合作。

停止只有表面信賴的關係

無法做到的人	只要有一方妥協，不論哪一邊都不會感到滿足。
能做到的人	會建立互相分享，彼此滿足的關係。

第三章

想要不為人際關係煩心，請停止這種傾聽方式

14 停止讓對方用談話偷取你的時間

你是否曾有過這種感覺？不管多麼願意聽對方說話，都沒有獲得任何回饋。

雖然談話的內容各式各樣，其中談論到的人事物也不同，但就是會讓你覺得「之前好像也聽過一樣的話」。

若進一步詢問對方這是新的話題嗎，或許還會驚訝地發現：「咦、原來之前那件事還沒有解決嗎？」

即使你努力地給對方建議，對方也似乎完全沒有想要採納，於是你不禁心想：

「這個人真的有想要解決自己的問題嗎？」

你是不是也曾經遇過像小偷一樣，不斷用談話來偷取你時間的人呢？

如果你勉強與他相處下去，不論是收到對方寄來的郵件或傳來的訊息，你可能都會變得不想回覆。甚至對方打電話來，你也不大想接聽。

即便你不想回覆，卻會因為 LINE 的已讀功能，或是臉書的狀態更新等等，讓對方得知「你有看到我的訊息」。想要假裝沒發現連絡訊息必須花費心力，若是放置不管也會產生罪惡感。

有些人會像這樣一邊覺得好麻煩，然後一邊不斷忍耐，結果最後演變成一場爭吵，甚至僅僅因為一次回覆變得尷尬，導致多年以來經營的關係結束。

能透過諮詢建立人際關係的人

如果在你身邊也有像這樣，讓你避之唯恐不及的人的話，你會時常感覺到「實在是好煩啊」的心情，也是在所難免的事。不過即便你完全沒有罪惡感，也不表示你就是個冷血的人。

為什麼這麼說呢，這是因為對方的目的，就是「透過諮詢問題的方式和你相處」。若你想要證明這一點，從對方多半也會向其他多數人諮詢同樣的問題，就可以看出端倪。

當然，這並不表示對方認為你不夠格當諮詢對象。只是他習慣用「諮詢」的方式，找尋願意聽自己說話的人罷了。

所以他絕對不是為了想要解決問題，才來找你諮詢討論。相反的，或許對方會在**下意識中，認為要是諮詢的問題獲得解決才傷腦筋也說不定。**

你在不知不覺間，被控制了嗎？

像這樣在傾聽對方諮詢的時候，你自己本身的感覺如何呢？是否會因為「能幫到對方，真是太好了」，而使心情變得爽快。還是在談話結束之後，會被一股難以言喻的不舒服感覺所籠罩呢？

如果你無法打從心底感覺到「真是太好了」，這是因為你受到對方的「同情心控制」，而服從對方罷了。

比方說，或許你不曾聽到對方對你這麼說：

「謝謝你願意聽我說話，我很高興。託你的福我變得有精神了。」

不聽對方說不好意思，但是下次又……

「謝謝你願意幫助我，你的建議讓我變得很順利。」

你很有可能會一邊感覺「每次只要聽他說話，就必須花上好一段時間，光是聽他說話，心情就會變得痛苦」，另一邊卻認為「因為他沒有朋友，所以只能找我討論」，然後基於這樣的罪惡感，而不斷地聽對方說下去。即便你打算要「聽對方諮詢說話」，實際上卻是受到對方的「控制」。

在此，我將這個現象稱之為**「同情心控制」**。

為什麼我會說這是一種「控制」呢。簡單來說，這是因為傾聽對方說話的你，會因為對方而逐漸變得心情沉重，感覺痛苦的緣故。

即使不願意聽對方說話，你也沒有錯

那麼，你是否曾有過對方先問你，「我有事想問問你的意見，不知道你現在方便嗎」的經驗呢？

或是在諮詢的過程中，對方曾經注意到「你好像感覺很不舒服」呢？

對方是否曾經單純為了你，以同樣次數、同樣頻率、同一個時間，願意聽你說你的話題呢？

假如像這樣彼此平分時間相處的話，也許你就不會想要避開對方的訊息或電話，或是因為和對方討論而感覺不舒服了。

正因為只偏重於對方，所以你才會感覺到痛苦。

無論對方是親朋好友還是父母，都有可能會利用你的同情心來控制你。

「可是，因為是多年來的好朋友。要是不和他來往了，我也會覺得寂寞。」

這是當然的，實際上你的確會透過「聽對方諮詢事情」的過程，而獲得某種療癒或滿足。

只不過，這是因為到目前為止，你都認為「不聽對方說話是不對的」，並且為此抱持著罪惡感。又或者是為了對方有難自己卻不伸手幫助，是否就是個冷血的人，是否就是做錯了而感到困擾。

至少現在，你注意到了「事實並不是這樣，這只是一種同情心控制。其實我沒有必要一定得聽對方說話」，也不會再因為這樣感受到罪惡感了。

停止讓對方用談話偷取你的時間

無法做到的人　感覺時間被偷走，心情變沉重，只覺得好累。

能做到的人　不會被對方偷走時間，心情也會變得輕鬆。

15 停止不好意思打斷對方說話

在前文當中我們提到，你之所以會在聽對方說話的過程中感覺痛苦，是因為受到對方的「同情心控制」。我想你已經明白這一點了。

但也有不少人會問我：「是不是盡量別和像時間小偷的人相處比較好呢？」

如果你也抱持著相同的疑問的話，請當作自己已經沉迷在「思考」當中。

不必一定要聽完對方的話

這裡希望你再次回想前面所說的，他者本位思考的人，由於比起感情更注重於思考，凡事都會「立即以思考來解決」。但是這樣的「思考」，反而會讓人際關係變得麻煩。

對用思考來優先判斷的人而言，他們會尋求立即的解套公式，也就是變得會依賴說明書、指導手冊之類的東西。

正因為如此，所以他們沒有「靠自己來判斷的標準」，這也就是問題所在。

那麼，應該怎麼辦才好呢？

如果想要找到這個問題的解答，那就是要以自己的感情作為標準，用自己的感受去判斷。

舉例來說，若是你受到同情心的控制，由於罪惡感而無法打斷對方的談話。

這時，他者本位思考的人，就會開始思考**「要零還是要一百」**。也就是說，他們**會在兩個選擇當中，考慮全部接受，還是完全不接受。**

為此，就會時常發生突然斷絕關係，或是為了不讓關係生變，勉強自己忍耐聽完對方說的話。

在他們的思考當中，是沒有「中途打斷」這個選項的。又或者說，即使理解有這樣的方式存在，實際上卻會因為害怕破壞當下的氣氛而不敢實行。

最重要的是，在面對有可能會讓你感覺被同情心控制的人時，會因為「對對方不好意思」的罪惡感，或是覺得「對方很可憐」的同情心，而使你越來越難拒絕。

面對這樣的情形，**想要保護自己免受人類良知根深蒂固的規則控制，必須採取以自己的感覺為優先的說話方式**。

舉例來說，像是以下的說法：

「因為現在正在忙，如果是傍晚就可以聽你說。」

「如果只有二十分鐘的話，我可以奉陪。」

「如果想打電話給我，到晚上七點前都沒問題喔。」

我將此稱為「中間的拒絕方式」，**在這個中間的拒絕方式當中，也包含了「中間的接受方式」**。

只不過，在某種層面上來說，我們必須學會在日常生活的各個「情境」當中，自然地靈活運用。但這並不是透過不斷思考就可以學會。

此外，即使大腦已經接受這樣的想法，也不是馬上就能想到要採取這樣的說法。

正因為如此，所以我們更需要練習。

「中間的拒絕方式」，只聽到自己覺得輕鬆的部分為止

舉前面的案例來說明，當你在聽對方說話時，如果是以「自己的感情作為標準」，該怎麼做呢？

當你一旦覺得自己好像「心情變得不大愉快」的時候，就表示「該拒絕」了。

像這樣以自己的感情作為標準來判斷，**「假如自己感覺陷入負面的情緒的話，就是該拒絕對方的時候」**，就是「中間的拒絕方式」的基本概念。

就這個案例來說，有以下幾種拒絕方式：

「不好意思，這部分我可能幫不上忙。」

「雖然我很想繼續聽你說，但是聽著聽著連我都覺得難過了起來……」

「不好意思，可以說到這裡為止嗎？」

說話方式的基本概念，就是把自己的心情，原封不動的透過言語表達出來。至少你在傳達自己心情的同時，能使自己不被負面的情緒拖累，有著這樣的好處。

只聽我「可以聽的範圍」

即使對方是「為了你好」也……

基本上來說，「傷害自己」絕對不是一件好事。

比方說，被前輩訓話了好長一段時間，或是三不五時就被主管提醒警告，自己除了一邊會感覺痛苦之外，還會一邊認為「對方說的是正確的，對方會這麼說其實也是為了我好」，然後忍耐地聽下去也說不定。

只不過，**不論是多麼有價值的話，都比不上自己「是用什麼心情在聽」還要來得重要。**

如果你在聽對方說話時，邊聽邊感覺痛苦的話，那不就等於是在傷害自己嗎？

不論對方的話有多棒、多精彩，如果你必須忍耐著痛苦才能聽下去，那就會嚴重地傷害到自己。

正因為如此，最重要的是即使對方所說的話是為了你好，你也必須以自己的感情作為標準，掌握結束話題的時機點。

停止不好意思打斷對方說話

無法做到的人 忍耐聽完別人說話，卻傷害了自己。

能做到的人 適當地聽就好，並在感覺不舒服前結束對話。

16 停止勉強贊同

多數人都很煩惱的人際關係當中，有一種是「害怕被同伴排擠」。

我們每一個人都害怕孤獨，總是希望能和他人一起做些什麼。

想要有親密的人、想要有可以依靠的人，同時也想要擁有能夠放心在一起的朋友或場所。

越是這麼想的人，就越是對「同伴」關係抱持著憧憬。

的確，只要抱持著「我們是好同伴」的想法，就會感覺自己變得特別。總是相處在一起也會讓你感覺到放心。

只不過另一方面，這種同伴意識要是過於旺盛的話，或許會演變成「只有這個人能讓我安心，是我唯一的歸宿」，然後**使你變得更害怕「被同伴排擠」**。

為了換位思考，而將自己的感覺放在最後

舉例來說，當你和親近的夥伴在一起時，聊起別人的話題時，是否曾有人會表示「對，沒錯，就是像你說的這樣」，然後情緒高昂的贊同對方，藉以炒熱氣氛呢？

像這種時候，當事人因為努力地想要迎合對方所說的話，所以不見得有注意到自己真正的心情或感覺。

就像我們在前面的章節所提到的，以他者本位思考的人，其實沒有自己的標準。因此，他們對於自己所做的判斷或選擇，都沒有自信。

若是這樣的人養成依賴同伴的習慣，就會為了贊同同伴的意見，而將自己的想法或心情擺在最後。導致惡性循環，讓自己變得更沒有自信。

「只要和大家的意見不一樣，就會感覺很不安」、「只要不和大家一起，自己就完全無法行動。」

雖然是想要迎合對方而表示贊同，但當某些問題發生的時候，就很有可能會受到來自周圍的砲火攻擊，例如：「可是那個時候，你不是也是贊成的嗎？」

即使你在事後表示「當時只是為了配合對方，並不是自己的本意」，這時也都後

悔莫及了。

還有某一些人，是害怕「要是不配合對方，就會被排擠」。像這種時候，究竟該怎麼做才好呢？

「想和同伴在一起，不想打亂大家之間的和諧。」

「但是，老是在配合對方又覺得好痛苦。」

想要滿足這個乍看之下很是矛盾的願望，其實是有方法的。

用「原來如此」取代「對，沒錯」

其實有一種和「對，沒錯」很相似的話，但實際上卻會讓人產生不同的感覺。

那就是「原來如此」。

這是一句**對對方的想法**、**意見**、**感想表示「認同」的語言**。

和想要贊同、迎合對方的「對，沒錯，就是像你說的這樣」相比，「原來如此」的說法有著認同對方的想法、意見或感想的意思，兩者之間有著絕對性的差異。

光從文字上來看或許有點難以理解，請發出聲音唸一下這兩句話，並且觀察在唸的同時內心產生什麼樣的回響，如此一來就可以發現兩者之間的差異。

前者是想要完全贊同對方，以他者本位思考的說話方式。

後者的「原來如此」，則是「你的想法和意思我了解了，我認同你的這個部分」，這是以自我本位思考的說話方式。

即便沒有特別說出來，「無論我是否同意，我都對你的意見表示尊重」，也會感覺到自己擁有自我本位的意識。

「用這種讓人失望的說法，會不會被對方討厭啊？」

假如你是用失望的心情、語氣來說出「原來如此」，的確會給人一種冷漠的感覺也說不定。

但是從更深的角度來看，若你是用「我認同你的想法、意見或感想」的心情來說的話，反而會讓對方覺得你是認真的在對待他，而留下好印象。

除此之外，比起總是沒想太多就回答「對，沒錯」的人，那些有著自己想法，同時也能尊重對方的意見的人，會更受到大家的信賴。

請不要從「文字」表面上的印象去感覺，而是要從如何表達心情的「說話方式」去掌握那種感覺。

另一方面，用**「是這樣啊」作為結尾，也是一種結束對方談話的方法**。

乍看之下，和「原來如此」有一點相似，不過相較於「原來如此」只是單純接受對方的想法，依照說話方式的不同使用「是這樣啊」，會有著表示對方的意見和自己的意見不同的意思在。

假如你說：「我的意見和你不一樣，不過原來你的見解是這樣啊。」而對方抱持著疑問回答：「是這樣嗎？」

這時你就可以強調地表示：「是的，我並不這麼想。」然後表達不同的意見。

「我會尊重你的意見，雖然我的看法有所不同，但是我並不想在這一件事上面多做爭辯。」

像上述所說的一般，請試著使用帶有這種意味的「是這樣啊」。用這種說話方式來結束談話，是對保護自己來說非常有效的一種方法。

停止勉強贊同

無法做到的人　害怕被同伴排擠，不斷點頭贊同。

能做到的人　用「原來如此」在自己和對方之間畫出界線。

17 停止傾聽抱怨或他人的壞話

只要聽了對方說的話，就會覺得很疲勞的人，或許在你的心中，其實是抱持著否定對方的想法也說不定。

假如你有一個朋友，針對不在場的朋友A這麼說：「A每次都一一批評我說的話，讓我很生氣。」

雖然你嘴巴上沒有說，但你是不是邊聽邊在心中抱持著否定的想法：「你自己還不是一樣在批評別人，根本就是五十步笑百步。」

又或者是在職場上，某位男性關於不在場的同事B表示：「B真是不負責任，只是把事情計畫的很好看，但並不是真的為了去做。」

而你對於這麼抱怨的這位男性，邊聽邊認為：「這麼說來你不也是一樣不負責任嗎，光只會出一張嘴，也沒看你實際去執行」，抱持著否定對方的心情。

比起差勁的點頭，不如歪頭就能結束對話

如果你像這樣總是在內心否定對方說的話，就絕對是在勉強自己。這個勉強自己的狀態，就像前面的章節提到的一樣，會使自己的心受傷。為了別人而勉強，讓自己受傷，究竟能得到什麼呢？

不用勉強配合，只要動一下脖子就好

如果你總是在心中否定對方的意見，邊忍耐邊聽對方說話，那麼就試著找出讓你不斷忍耐的來源吧。

也就是要找出你在面對對方的時候，具體來說是在勉強什麼事情。

或許你根本只是不想聽對方說話，卻被對方以「你也是這樣想的，對吧」等說法，強迫表示「同意」也說不定。

在這種時候，比起勉強點頭贊同對方，只要稍微歪頭動一下脖子，表示「或許我不這麼想」的意思，也會有不錯的效果。

如果你總是靜靜地忍耐聽完對方說話，搞不好會讓對方誤認為「你對他的話有興趣」。像這種時候，你可以主動提出自己感興趣的話題，也是一種方法。

你不用馬上就這麼做也沒關係，只要抱持著「總有一天，我也想自己主動提出話題」的想法為目標，你的心情就會產生變化。

或者，當你覺得對方都在說別人壞話，而為此感到痛苦的時候，你可以向對方表示：「嗯，原來是這樣。但是不好意思，我對這件事沒什麼興趣。」

把話說清楚，就會感覺比較舒服。

在你想要從抱怨或說別人的壞話轉換話題時，只要以「要怎麼做才會讓自己變得輕鬆」為關鍵，用自我本位的角度去摸索，就能使找尋屬於自己說法的過程，變成守護自己內心的練習。

與其浪費時間聽一些完全不想聽的抱怨或者是別人的壞話，不如讓這段時間變得更有意義。

停止傾聽抱怨或他人的壞話

無法做到的人　會把對方的不滿當成藉口。

能做到的人　停止抱怨，尋找開心的話題。

18 停止在意話中有話

以他者本位思考的人最典型的模式，就是會在對話中，不斷地在自己內心揣測對方的態度、表情。也就是在前文中所提到的「過度解讀思考」。

簡單來說，**就是在意對方所說的話是不是真心的，是否只是客套、謙虛而這麼說，或是話中有沒有帶有挖苦的意思在**。

但是大多數的人，都不是因為想要正確掌握對方的心思而這麼做。為什麼我會這麼說，那是因為絕大多數人，都是以自己擅自的想法作為出發點。

比方說，有些人會認為「別人說的話一定要聽完才可以」。

依據這樣的想法，只要聽到不想聽的話而覺得勉強的時候，就會變成以上對下的角度，認為「（雖然不想聽，但是）我會聽你說」。

在這種情況下，假如對方說：「說到這個就勾起了很多回憶，反而使心情變得陰沉了。」

或許你會在無意識間，開始生氣地覺得：「我都是為了你才忍耐著聽你說完，結果你居然連一句感謝的話都沒表示，甚至還這麼說！」

其實對方只是說出自己的心情罷了，並沒有對你抱持著批判的想法也說不定。

但是只要以他者本位的角度思考，比如說：

「為什麼這個人連這點常識都不懂，真是沒禮貌。」

「他是不是只想說些挖苦我的話。」

內心就會不自覺地開始深究對方的話背後是否有著別的涵義，恐怕會在彼此之間埋下不信任的種子。

比起對方真正的心意，更重要的是自己的感覺

假如想要停止去注意對方話中是否帶有深意的行為，那麼就從重視「自己的感

覺」開始吧。

你之所以會在意對方的話中是否有別的意思，是因為比起「感受」，你更重視「思考」的緣故。

當我們受到思考影響的時候，自己就沒有在「感受」。

舉例來說，當你在服裝店試穿衣服的時候，店員說：「客人您的皮膚白很可愛，所以這件衣服非常適合你唷。」

但這時你的心中卻抱持著否定的想法，認為：「從來沒人說過我可愛，覺得皮膚白也只是因為化妝的關係。即使明明不適合，也會為了要我買單而說客套話吧。」

假如你太去深究對方說的話，就會感覺到被店員給冒犯了。

要是遇到這樣的狀況，請先暫停一下。你之所以會「試穿這件衣服」，是因為什麼呢？

我想應該是因為你喜歡這件衣服吧，因為喜歡所以才想要「穿穿看」。

如果比起店員說的話，你更重視自己那種「想要穿穿看」的心情，情況又會變得如何呢？

試穿喜歡的衣服，心情肯定是很開心的吧！

只要能夠去感受這樣的心情的話，就會因此而感覺幸福。

而且只要自己感到幸福的話，對於店員所說的「很適合你」，便會以肯定的態度接受。

又或者，假設你認為店員只是「在說客套話罷了」，只要自己感到幸福的話，就不會去在意對方說這句話背後到底是什麼用意。

更重要的是，將重點放在滿足自己的慾望，「因為我很喜歡，所以我想買這件衣服」，就能獲得滿足感。

也就是說，比起在意對方話中到底是什麼意思，更重要的是要學會重視自己的感覺。

停止在意話中有話

無法做到的人　時常懷疑是真心話、挖苦，還是客套話。

能做到的人　會對對方說的話產生正面的回饋。

19 停止擺出「有需要可以隨時找我」的好人臉

平常你都是用什麼樣的心情，來度過你的一天呢？

「總是覺得很忙碌，即使休息也無法消除疲勞」、「雖然不是沒有時間，但不知為何，就是覺得很著急。」

假如你總是抱持著這樣的心情，很有可能你對於凡事都抱持著，想要同時完成兩件事以上的想法也說不定。例如：

- 一邊處理眼前的工作，一邊在腦中思考著下一次會議的安排。
- 邊和大家吃著中飯，腦袋卻想著下午的約會內容。
- 一邊整理打掃家裡，一邊煩惱著今天要做什麼菜。
- 一邊看電視，邊想著明天要做的事。

在這種情況下，你認為你腦袋裡的思考，與你的實際行為是一致的嗎？

比方說，當你沉浸在運動活動當中時，將意識都集中在活動身體，所以腦中會變得一片空白。

處於這種狀態下，你會因為將意識專注在自己正在做的事情，而停止思考，所以覺得「心情很舒服」。

另一方面，假如你一邊運動一邊想著別的事情，內心與身體就會呈現不協調的狀態。因此心情會產生違和感，變得不舒服。

這都是因為內心和身體「不協調」，所引發的結果。

這種不協調的感覺，會導致產生挫折感或焦躁感。

舉例來說，在職場上有個後輩問你：「我不知道這個資料應該怎麼分類才好，想請你教我方便嗎。」

但如果你這時馬上回應後輩的話，就會突然打斷你正在做的工作。

也許你一開始會抱持著因為自己是前輩，所以即使打斷自己的工作，也應該要用好臉色指導後輩的想法。

但過一陣子後，後輩可能又在你忙碌的時候打斷你。這時你會因為覺得「又來了」而感到煩躁，很有可能會情緒化地脫口說出：「這個之前不是已經教過你了嗎？自己多少也要學著點吧。」

只不過在說出口的瞬間，你和後輩之間的氣氛也變得尷尬不已。

那麼為什麼你會對後輩，變得如此情緒化呢？

這是因為被後輩提問時，即使你想專注於自己的工作，也會被迫打斷的緣故。

這時的你一邊在意自己的工作，一邊指導後輩，內心的想法和行動並不協調，所以引起不舒服的感覺。

這種不協調的感覺，會讓你產生挫折感，而對後輩變得情緒化。

在自己覺得能配合的時間，主動打招呼

那麼像這樣的情況，究竟該怎麼辦才好呢？

這裡最重要的，就是**「自己優先」**的原則。

我們只要一受到對方的請託，就很容易漠視自己的想法或情緒，不知不覺得聽對方說話。但這麼做，其實會埋下壓力的種子。

在這種時候，比起對方，更應該以自己作為標準，像是「我想先把這項工作告一段落，可以等我三十分鐘嗎」、「我把這個結束後就會去找你」。採用這種不會讓自己產生不舒服感覺的方式。

有些時候，與其勉強地聽對方說話，不如坦率的表示：「我現在沒有時間，不好意思請你問別人。」如此一來，對自己和別人都不會產生不舒服的感覺。

只要能像這樣做到以自己優先的話，身心就會感覺協調，心情覺得舒服。而這種舒服的心情，就是一種「尊重自己」的表示。

像這樣處於身心協調的狀態下，就能夠以舒服的心情聽對方說話。

比起在不愉快的狀態下回覆對方，不如提前和對方約好時間，這樣才能讓對方對你抱持著好的印象。

此外，以自己為標準的說話方式，對於對方來說，也會在這句話之外，感受到

讓對方等待自己可以配合的時機

「希望你能尊重我」的訊息。

以自己的想法或感覺作為優先考量，我們就可以將麻煩的人際關係，反過來變成理想的關係。

停止擺出「有需要可以隨時找我」的好人臉

無法做到的人 變得煩躁，使對方也感覺不舒服。

能做到的人 就結果來說，能更真心的聽對方說話。

第四章

想要不為人際關係煩心，請停止這種說話方式

20 面對疑問，停止有問必答的「面試回答法」

秉持他者本位思考的人，總是不把自己的感情或慾望當成重點看待，若是被他人詢問問題時，就必定會回答問題。

舉例來說，假設在職場上被前輩突然詢問：「你覺得你在我們部門最不擅長和誰相處？」

或許這時你的心裡會想：「假如我回答A的話，會不會引起什麼問題啊？」像這樣，你總是以誠實回答為前提，並且在腦中不斷地思量。

或是當你被問到：「和你約會的是什麼樣的人呢？」即便你覺得這是私事不太想和職場上的人說，但你可能還是會努力地思考：「這要從哪裡開始說起才好呢」、「必須說一個對方能夠接受的答覆才行」。

「總之先回答再說」是個可惜的習慣

像這樣拚了命也一定要回答對方問題的模樣，彷彿就像是在找工作面試一般。

為什麼當我們被人問到問題的時候，會自動地產生反應回答對方的問題呢？

這是因為在我們的心中，老早就已經成立了「必須遵循對方說的話」的思考模式，所以不論對方的問題是什麼，你都不會認為自己本身：**「有回答的自由，也有不回答的自由。」**

因為在你的腦中，根本沒有這種「自由」的意識。

我們每一個人都是誠實的，因為誠實會讓你的心情自然感覺舒服。

只不過，當我們遇到不想回答的問題時，經常會不留意就說出回覆，這種習慣性的應對，又讓你在事後感到後悔，產生自我厭惡的感覺。

於是，就像是在幫助自我厭惡的自己一般，你不禁心想：「為什麼那個人要過問我個人的隱私呢？」

接下來，你開始猜測對方內心到底在盤算什麼，然後開始生氣地認為：「問這種問題，真是粗魯沒禮貌。」

但是他者本位的人越是在內心這樣批評對方，就會越傾向去思考對方的事情，導致最後變成「算了，我就自己忍耐，遵從對方說的話就好」。

即便如此，是否要用說謊來回答問題也很讓人猶豫。要是說了謊，你可能會對說謊的自己產生罪惡感。

讓你不舒服的問題，不用回答也沒關係

當我在做心理諮商時，時常會被問到這樣的問題：「當我被對方這樣問時，究竟該怎麼回答才好呢？」

實際上，這個問題本身，就是以「遵循對方」作為前提在思考。

若是在你的心中並不存在「不回答也沒關係」的自由，那麼針對對方的提問，你都只有「要答覆他、要怎麼回答」的選項。

又不是在面試，「停頓」也沒關係

因此，我們必須從一開始就不把注意力放在對方身上。

「我要用什麼說法才能擊敗對方」、「我該怎麼能說，才能讓對方閉嘴呢」，我們的思考很容易就會像這樣傾向反擊的模式。

然而這樣的想法本身，並不意味著你就是自由的。

假如在你的內心存在著「自由」的意識，即使被問到令你不舒服的問題，你也不會在心中不斷臆測，而是會反問對方：「為什麼你會這麼問呢？」

如果你可以反問對方，只要這麼做就不會有人受到傷害，而且大多數的情況下都可以順利結束掉令人感到不愉快的對話。

比起「回答」或許「沉默」會更好

有時候，我們一時想不到該怎麼回答才好，所以會停頓，變得沉默。其實這種停頓，絕對不是一件壞事。

若是你感覺「不想回答」，或是腦袋思考著「要怎麼回答對方才能接受呢」，即使你勉強自己回答，也會因為這種含糊的想法而使表情變得很難看。

其實這種時候，**不必特地含糊的回答，保持舒服的沉默姿態**也是一種好方法。並不是要你漠視，或是瞪著對方看，而是保持舒服的姿態注視著對方不說話。

這麼一來，對方就會心想：「我是不是問了什麼奇怪的問題」、「光問一些人家不想回答的事情，是我不好。」

假如反應得當的話，或許沉默會比硬是要回答對方來得見效。

面對自己不想回答的問題時，就如同前文所提到的，你有不回答的自由。

如果你能夠認同自己擁有這樣的自由，就不會對自己保持沉默不回答而產生罪惡感。

面對疑問，停止有問必答的「面試回答法」

無法做到的人　老是煩惱該怎麼回答不友善的問題。

能做到的人　實踐不回答的自由，就不會不舒服。

21

停止用正論攻擊對方

比起「感受」更依賴「思考」的人，他們會更傾向於用「正確、錯誤」來判斷所有的事情。

舉例來說，某位女性A，收到了朋友B的資訊。

A站在為對方著想的立場，給了B自以為正確的建議。但看在B的眼中，卻覺得A似乎對自己說的事不感興趣。

其實A所說的，不論從哪一點來看，都不能說是錯的。雖然A試圖透過某種方式傳達這一點，不過卻在被B感謝的同時感覺自己被拒絕了。

為什麼會發生這種情況呢？

「假如你客觀地思考的話，就會發現我所說的絕對沒有錯。然而儘管如此，B並沒有試著想要傾聽我的建議。」

於是面對固執的B，A不但變得沉默，並且在內心開始責怪起對方。

當我問A：「請試著回想一下，在那個時候，你是抱持著什麼樣的心情？是不是覺得很生氣呢？」

A回答：「是的，的確如此。那個人突然變得好生氣。」

「不，我的意思不是這樣。我是指在那個時候，你自己本身感覺到什麼樣的心情。」

「咦，你是指我（A）嗎？」

「是的，究竟你在那個時候的心情變得如何呢？」

A又回答：「這麼說來……。我也開始覺得有點生氣。」

那麼，為什麼A會生氣呢？

這是因為對方拒絕了A說的話的緣故。

「可是不論你問誰，大家都會認為我的判斷是正確的啊。」於是，A開始像這樣強調起自己所認為的「正論」。

就像之前的情況一樣，A又再次重複了同樣的事情，而且她本人似乎並沒有注意到這個狀態。

即使說的是正確的，生氣卻會埋下爭吵的禍根

A的問題點就出在，想強迫別人接受自己認為是正確的想法。而B只是在對這樣的行為，表示抵抗罷了。

若是站在B的立場來看，就會發現「A在強迫推銷自己的想法」。

不過站在A的立場來看，卻會感覺「被對方拒絕自己給的建議」。

當雙方陷入這種狀態時，可以說彼此的關係已經陷入對立狀態了。

所謂的對立，就是指彼此正處於心理上的「戰鬥」狀態。

在這種時候，即便A所提出的意見是正確的，但站在對立面的B來說，是不可能會表示「原來如此，你說的沒錯」，也不會表示贊同。

如果這時B說：「說的沒錯」，表示同意的話，A就會變本加厲地說：「你看，沒錯吧。所以只要聽我說的去做準沒錯！」

對立關係下，
即使你說的沒錯，對方也感受不到

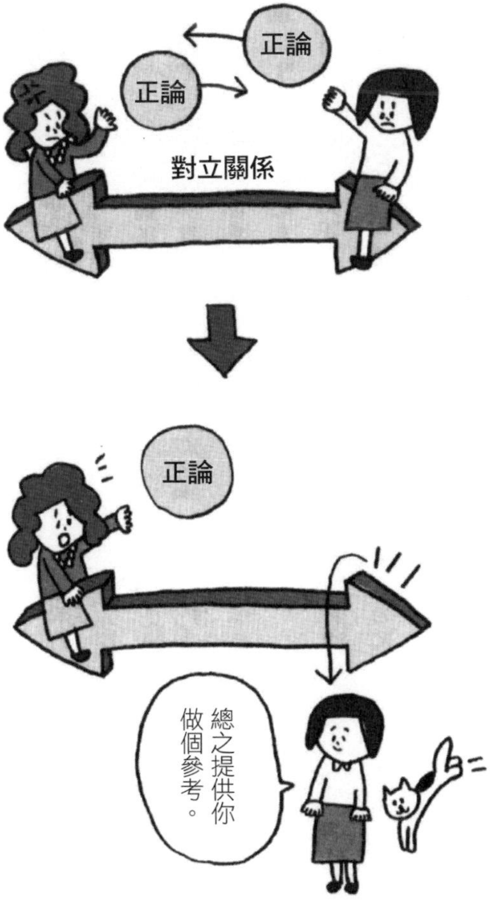

由於A認為自己的想法沒有錯，所以會無視對方的心情，強迫對方一定要接受。實際上，B只是希望對方能跟自己的想法或立場有所共鳴，並且接受自己想法而已。所以並不是在尋求正確的解答或建議，而是想要聽到對方與自己抱持著同樣的心情說：「嗯，對啊。這真的很難。」

如果你用「思考」的方式看待事情，你很快就會找到解決方案。的確，就理論上來說，透過思考後找出的解決方法絕大多數都是正確的。

只不過，我們並不會完全依照思考所得出的結論去行動。不論你多麼試圖想要保持冷靜，一旦落入情緒化就會感到氣餒，變得無法冷靜思考、判斷該怎麼行動。而且當你受限於思考的狀態下，甚至不會注意到自己的心情或感受。

即使是正論，但若是使關係變對立就沒有意義

在我們周遭有很多人不斷向對方強調「自己的正論」，並且強迫對方接受，以至於最後引發爭吵，因為各自都有主張的論點。

不分彼此地，都認為只有自己說的才正確。只不過，這樣的正確僅限於對自己來說罷了。就對方而言，你的正確並不等於他的正確。

針對彼此的差異，我們所採取的抵抗或反對方式，就是「爭吵」。

而這種爭吵的狀態，絕對不是對方在對你說：「我明白了，謝謝你」，更不是一種感謝的表示。

在這樣的情況下，不論提出多少正論想要說服對方，雙方都會變得情緒化而開始爭吵起來，最後演變成彼此傷害對方的局面。

不論自己的主張有多麼正確，**當彼此的關係陷入「對立」狀態的時候，這個正論主張又有什麼意義呢？**

比起使用頭腦思考出來的正論說服對方，我認為更重要的是用「情感交流」。

當陷入這種時刻，趕緊讓自己從這種對立關係「全身而退」才是聰明的做法。

當你發覺，「糟了，在這樣下去可能會變得情緒化而吵起來」。這時你應該自己先退一步，心想：「在這樣繼續說下去只會開始爭吵，還是別說了。」

如果用前面的例子來說明，你可以向對方表示：「啊，抱歉，一不小心就認真了，真是不好意思。我只是想給你一個意見，讓你參考看看。」

用這樣的說法找個台階下，就不會傷害自己也不會傷害到對方。

停止用正論攻擊對方

無法做到的人　氣到想要強迫對方接受，與人對立。

能做到的人　作為「參考意見」傳達，不會變成對立關係。

22 停止會阻礙自己和他人的「但是」

以他者本位思考的人，會頻繁地在談話當中使用到「但是」。

這是很自然的現象，因為當我們以他者本位思考時，意識會傾向對方，導致不論對方說了些什麼，我們都會很敏感地有所反應。

假如對他人抱持著肯定的心情的話，當與對方覺得心意相通的時候，就會不自覺地說出：「啊，原來是這樣啊，我懂！因為我也有過這樣的經驗」，並且會使用更多的言語來表示認同對方。

但是，當我們對他人抱持著否定的心情時，競爭意識或對抗意識只會越來越強，情況就不是這樣了。你很有可能會這樣回答對方所說的話：

「但是，我沒聽過這個資訊。」

「但是我不記得我有這麼說過，是不是你記錯了？」

「但是這種做法之前不是曾經失敗過嗎？」

「但是你這麼做又有什麼用呢？」

就像上述所說，你會用這些說法來反駁對方，引導對方接受自己的正論。實際上「但是」這個詞的語意，原本就包含著會引起想要反抗對方的意思。

其實在某些情況下，根本不必說「但是」，不過有些人卻把「但是」當成開頭的發語詞，或是代替「順帶一提」、「說到這個」等發語詞使用。

對這些人來說，**即使他們使用「但是」沒有什麼特別的意思，然而聽在對方耳中，卻會感覺到「自己被否定了」**。就算這一句話不帶任何惡意，卻會讓你的人際關係惡化。

當我們的自我意識深處，抱持著否定對方的想法時，就會在不知不覺間使用「但是」的說法。

此外，「但是」這個詞也具有「意義的力量」。

不論你是否完全沒有惡意，當你下意識地使用「但是」的時候，就會因為意義的力量，而產生不說贏對方不罷休的心情。

經常說「但是」會讓人生變得馬馬虎虎

想當然的，像這樣說「但是」的習慣，也會用在自己的身上。比方說：

「但是，都到這個歲數了才想改變自己，是不可能的。」
「雖然我照你說的去做了，但我真的不夠聰明。」
「但是這樣，只會讓自己變得更累不是嗎？」
「但是，這麼做也有失敗的機率吧。」

像這樣，連續使用「但是」，你看了之後覺得心情如何呢？
是不是覺得光是看著，就感覺到心情變得沉重，慢慢變得沒有自信了呢？
由此可知，「但是」這個詞，會使我們產生負面的心情。
而且若是太常對自己使用「但是」的話，會依照接下來所說的話，例如：「但是不可能、但是沒辦法、但是做不到、但是好痛苦、但是好害怕……」等等，而使自己喪失幹勁。

總是在不知不覺間說「但是」的人，有可能光是在一個小時內就說了十次、二十次。假設一天說個一百次左右好了，累計一年就會說個三萬六千五百次，十年就會說三十六萬五千次，二十年就會累積至七十五萬次之多。

如果這麼頻繁地說的話，不光是人際關係會確實地變壞，甚至連自己的人生也會變得負面消極，對未來不抱任何希望。

只要用「停頓」來取代「但是」就好

為了不讓人生變得負面，所以我們要盡可能地避免使用「但是」的說法。只要平時多留意，絕對可以減少使用的頻率。

為此，我提出一個非常有效的方法，**那就是在想要說「但是」的時候，稍微停頓一段時間**。

比方說，當我們說話說到一半，突然想說「但是」的時候。

隨口就說「但是」可能是麻煩的根源

「原來你是這麼想的，但是我的想法是這樣……。」

這種說法只會給對方彼此對立的印象。

那麼，若是把說法換成這樣，又會如何呢？

「原來你是這麼想的，（停頓一段時間）我的想法是這樣……。」

請實際發出聲音試著唸一次看看，感受一下兩者之間的差異。

最重要的是，在唸後面這一句時，要緩慢地一邊感受其中的「停頓」，然後一邊讀出來。

如何？在唸前面那一句時，你是否感覺到在中間說到「但是」時，自己朝著對方更進一步的逼近呢？是不是彼此的心情都感覺變沉重了呢？

另一方面，在唸後面這一句時，你應該會感覺到彼此的想法是各自獨立的，而且心情很爽快。

就像這樣，單單只是留意一句話要怎麼說，就可以讓人際關係之間的摩擦減少，甚至還能夠改變自己的人生。

停止會阻礙自己和他人的「但是」

無法做到的人　人際關係變得惡化，自己的人生也變得消極。

能做到的人　不論對方或自己都不否定，人生變得正面積極。

23

停止用「你」作為說話的主語

你有留意過，平常自己是怎麼說話的嗎？實際上，比起說話方式或技術，更重要的是意識的問題。

我們會依據自己內心抱持著什麼樣的意識，而使說話方式變得有所不同。

比方說，控制型的人在對別人說話時，會經常以命令的方式說：「去做這件事，不准做那個！」

而質問型的人，則是會經常以責備對方的方式說：「為什麼你要這麼做呢？」

沒幹勁，對自己沒有自信的人，則是經常會抱持著隨便的心態說：「反正我一定做不到的嘛。」

而這些說話方式在根本上最大的不同，就是因為意識的不同。也就是說，一種是以他者本位思考，另一種則是以自我本位思考。

他者本位思考的人，凡事都以別人作為判斷標準；自我本位思考的人，則是以自己作為判斷標準。兩者之間的差異，也就是「你」與「我」之間的不同。

他者本位、自我本位的說話方式有所不同

這些以他者本位思考的人，會傾向於凡事都以別人作為標準，將自己的思考意識朝著別人的角度來看。

當自己的意識完全看著別人的時候，一個不注意，自己的腦袋與內心就會滿是別人的事情，也因此說話方式就會變成：

「為什麼你要這麼做……。」

「你到底是什麼意思？」

「你這個人到底以為自己是誰啊！」

然而，以自我本位來思考的人，會用自己來作為判斷事物的標準，對自己抱持著

關心。於是說話方式會變成：

「我是怎麼感覺的呢……。」

「我是怎麼想的呢……。」

「我想怎麼作呢……。」

他們會注意到自己的心情或是慾望，並且珍惜這樣的心情，或是自己的想法。對他者本位和自我本位兩者而言，在一開始最根本的想法基礎上，就有著決定性的不同。而說話方式，則會依據選擇不同的基礎而變得有所不同。

連續使用「你」的人，個性很依賴？

在我所提倡的「自我本位」心理學當中，最大的一個目標就是「認同自己、認同別人」。

也就是指，在「認同我所選擇的生活方式」的同時，也「認同、尊重對方所選擇的生活方式」。

換句話說，這也就是各自獨立的狀態。

比方說，A對B抱持著他者本位的意識，當A說：「你為什麼不照我說的去做？」像這樣以「你」為主詞說話的同時，可以說A就已經對「B的選擇或生活方式」作出了批評。

若是我們擅自闖入別人的領域，強迫對方遵從自己的想法的話，會搞砸與對方之間的關係也是理所當然的事。

那麼，我們該如何是好呢？

首先要以「我」作為說話的主詞，因為這種說話方式的根基，是建立在重視自己意見，也尊重他人意見的想法上。例如：

「我是這麼想的，你呢？你的想法是什麼？」

此外，當你想要給對方一些建議時，又該怎麼說呢？

「（你）這麼做是不對的，應該這麼做才對。」
「換成是我的話會這麼做，你要試試看嗎？」

前者的說法，一邊否定對方作的事，一邊強迫對方接受自己的想法。假如事情的發展順利的話倒還好，如果失敗的話，該怎麼辦呢？

若是失敗，就會變成都是自己害別人失敗的結果，多作反而多錯了。即便對方沒有向你追究責任，但你若是沒有任何表示也會被貼上不負責任的標籤。

像上述使用「你」的說話方式，不只會容易導致與對方爭吵，甚至要對他人負責，對自己來說是一種高風險的說話方式。

另一方面，**以「我」作為主詞的說話方式，是不用互相依賴，獨立的說話方式**。

由於這種說法不會擅自侵入對方的領域，所以也可以保護到自己。

假如你總是使用「你」作為說話時的主詞，請盡量試著改變成使用「我」來作為主詞。

正因為我們的說話方式，會依據他者本位或自我本位的不同而改變，所以你可以透過使用不同的主語，讓想法轉變為自我本位的方式。

停止用「你」作為說話的主語

無法做到的人 過度干涉，甚至必須背負他人失敗的責任。

能做到的人 使用「我」作為主語，說話方式變得獨立。

24 停止不和對方對到眼的說話

有些人在和別人說話時，會頭低低的，刻意不和對方眼神交會地說話。

一個人若是對他人產生恐懼，害怕自己受到傷害，眼神就會不斷游移，這也是難免的事。因為這麼做可以使內心感覺「恐懼他人」的負擔減輕，也能保護到自己，因此不注視著對方說話這件事本身並不是一件壞事。

只不過，依前文所述，若是從「關聯性」的角度來看，結果可就大不同了。

當我們與他人相處的時候，雖然無法客觀看見自己是什麼樣的態度，表達或行為，可是只要把目光轉開，給對方的印象就會有所不同。

如果對方用善意來解釋這樣的行為，可能會認為「或許這個人只是不擅長與人相處」罷了。

但是從「關聯性」來看，如果你的態度怯懦且不斷游移視線，對方就會因此想要控制你。越是控制慾強的人，就越想站在上位來壓制對方。

此外，若是你抱持著反抗的態度轉移視線的話，對方除了會感受到被拒絕，甚至還會覺得你想要與他吵架。

就算視線沒有對上，也會說些過分的話

其實轉移視線這個行為，最重要的是說話方式。

不和對方四目相交，會比注視對方時更容易把話說出來。

只不過，這就是問題的關鍵所在。

注視著對方的行為，簡單來說就是指想要「面對對方」。

只要面對對方，就能感受到對方的心情或想法。而且也能從外觀上觀察對方的態度與表情。

若是轉移視線不看對方，就無從得知這些資訊。

也因為如此，只表達自己想說的話，會變成單方面在說話。

由於對方並不在自己的視線當中，有可能會漫不經心地隨口說出過分的話。如果你的眼神保持不變，有可能會說出平常說不出的尖銳話語。

而且因為看不見對方的態度或表情，所以說話的當事人甚至不會感受到自己正在傷害對方。

在與人對話時轉移視線，絕對不能說是一件壞事。但就事實上而言，的確會**因為轉移視線而導致容易發生問題**。

進一步來說，轉移視線有可能會使你看不見，對方現在究竟是什麼樣的表情。

舉例來說，針對你的提案，即使對方回覆：「嗯，那沒關係。」

但由於你根本沒去看對方的表情，所以完全沒感覺到對方真正的想法是「並不認為沒關係」、「並不認同」。

像這樣勉強對方做出同意表示，一旦面臨緊要關頭，對方可能會臨時更改同意的內容也說不定。

如果你的視線注視著對方，當你從對方的表情有所「感覺」的時候，就會心想：「對方是不是有什麼顧慮？問問看好了。」然後試著詢問對方。

如此一來，也就不會發生在緊要關頭時，對方臨時改變心意的狀況了。

勉強注視對方只會展露苛刻的表情

雖然前面提到不注視對方可能會出現的結果，但若是一邊壓抑著害怕他人的心情，勉強去對上另一方的視線，有可能會引起造成反效果。

這是因為你壓抑情緒後只感覺到過剩的恐懼，因此會變得更害怕。

而且一旦當你感覺到不舒服，這時你的表情看在他人眼中，將會變成「非常苛刻的表情」。

有些人會將這種苛刻的表情，解釋為害怕恐懼。

只不過絕大多數人，對於這樣的表情，都抱持著以下感覺：

「可能會遭受對方攻擊。」

「跟他攀談可能會被過分的話給傷害。」

「所以才不想（跟你）說話。」

如果想和對方說話，你會一直處於非常緊張的心情，並且認為「必須小心謹慎地說話，以免使對方生氣或傷到對方的心」。

就算你強忍害怕的心情故作堅強，那樣的表情也會使對方感覺害怕，然後引發另一方的恐懼心。

那麼，對於因為害怕而轉移視線的人，究竟該如何是好呢？

以下提供兩種練習，只要使用我們周遭常見的東西，簡單兩步驟就能使眼神注視著他人。

【透過觸摸身旁的東西，把重點放在感觸上的練習】

1. 認同想要轉移視線的自己

首先第一步，我們必須要認同害怕的自己。

「我因為害怕，所以總是不敢和人四目相對。就算勉強自己注視他人也得不到什麼好印象，不過因為必須保護自己，所以這並不是一件壞事。」

像這樣試著在心裡對自己喊話，你的感覺如何呢？光是這麼說，是否就能感覺到

刻意轉移視線，有可能會錯失很多資訊……

好像可以認同這樣的自己了呢？

然後客觀地評估轉移視線的優點、缺點，就會認同勉強自己與他人眼神相交，其實是會造成反效果的。

2. 透過觸摸身旁的東西，緩和緊張的感覺

再來第二步，請你試著伸手去觸摸身邊的東西。

不論是手機、原子筆，或是喝完的寶特瓶空瓶都可以。只要是能用手握住，在身邊能夠立即取得的東西即可。試著摸摸看任何一樣物品吧。

摸到的感覺怎麼樣呢？

我想這就不用特地說出來了。透過特地去體會這些我們平常不經意碰觸的東西，只要好好地去感受一下就可以了。然後慢慢地放鬆全身力氣，再感受一次這種感覺。

越是能夠好好去感受當下的觸感，就越能緩和身體上的緊張。把重點放在關注感觸上，思考就能暫時停止讓大腦休息。這種感觸會為我們帶來舒服、安心的感覺。

在日常生活中透過感觸，不斷增加體驗的話，就能逐漸增加「別人的事情遠離自己頭腦的時間」。

光是這麼做，就能在不知不覺的情況下，讓「注視他人」的痛苦都消失了也說不定。

停止不和對方對到眼的說話

無法做到的人　容易說些過分的話，招致問題發生。

能做到的人　可以察覺到對方的感情，防止問題發生。

25 停止單方面「一人演講」

所謂「對話的傳接球」，是指在日常生活中人們認為理所當然的說話方式。但是就實際上來說，這種互相你丟我接、我丟你接的對話方式，其實並不多。

或許對很多人來說，都認為自己和對方說話時是像傳接球一般順暢。只不過這很有可能，只是對方為了配合你而勉強自己也說不定。

越是控制慾越強，以他者本位思考的人，比起傾聽對方說話，他們更傾向於單方面發表意見。因為單方面說話會讓人感覺很自在，因為覺得心情很好，所以會認為和對方之間已經建立了對話關係。

然而，這並不是「對話」，而是將「評論」作為工作的一個評論員罷了。

單純只有某一方在說話的關係，有點傾向於以前的夫妻關係的相處模式。

丈夫總是對著妻子，單方面地訴說著自己關心的事情。明明對妻子來說是完全無關的話題，可是最後卻時常會變成值得驕傲的事。

其實這是因為妻子已經對這件事感到厭煩了，並不是真心的認同，而是附和罷了。可是由於丈夫完全沉浸在自己說的話當中，根本不在乎妻子是抱持著什麼樣的心情在聽自己說話。

像這樣對方完全聽自己說，單方面的談話一定會讓說的人感覺很有趣。

透過這種方式，許多單方面說話的人不善於傾聽對方說話，並且對對方的談話不感興趣。

也因此，妻子才會覺得自己與丈夫心意不相通，而產生不滿或寂寞的感覺。

實際上對丈夫而言，他一邊沉醉在說話的舒服感中，一邊不知不覺地也感到不滿或寂寞。雖說是無意識，但內心卻知道「對方並不接受自己的想法」。

因此透過單方面談話，我們可以遠離腦袋中不滿和寂寞的感覺，並獲得一時的滿足感。但是相反地，單方面談話無法使內心獲得真正的滿足，並使我們陷入這樣的惡性循環當中。

最近這樣的夫妻模式，或是雙方立場相反的案例，有越來越多的趨勢。

說話像戰鬥一般，會增加對立

像上述這樣不但無法使對話的傳接球成立，還會變成單方面說話的情況，到底是為什麼呢？

總歸一句話，就是因為你們正在「戰鬥」的緣故。

在與人戰鬥，爭奪「輸贏」的同時，若光是單方面傾聽對方說話，就會感覺到好像「輸了」的心情一樣。

有著單方面說話習慣的人，或許在小時候因為親子關係或家庭環境因素，而有過單方面「聽對方說話」的經驗，因此會抱持著挫折或空虛的想法，以「認輸的心情」靜靜地聽對方把話說完。

在這種上下關係分明的家庭中成長，如果你想說話，即使必須打斷對方的談話，你也會抓住機會表達意見。此外，如果你不能重新奪回單方面說話的機會，就無法好好表達你的訴求。

在這種情況下，談話的主題不是為了與對方互相交流，而是為了炫耀你的偉大，而不斷說教、吹噓、命令或指導對方。

當然，越是這麼做就越是會增加與你對立的人，並且使你的人際關係變得更為麻煩複雜。

令人安心的對話是有來有往

那些想要贏過對方的人，從來沒有體驗過不必與對方戰鬥，或是不用去猜測對方話中背後的意思的時候，他們也沒有和對方「安心談話」的經驗。

實際上，他們絕對有過像這樣談話的時刻，只不過在他們的心中，因為總是在爭著什麼，所以不會注意到這樣的瞬間。

用一對情侶的對話來舉例，可能會比較容易理解。即將一起生活的兩個人，一起去選要使用的生活用品。

B男：「我想要選這個，妳覺得如何？」

A女：「咦，原來你喜歡那個啊？」

B男：「是的。」
A女：「是這樣啊……那該怎麼辦才好呢？」
B男：「妳覺得哪一個好呢？」
A女：「我認為這個比較好。」
B男：「……這樣啊，那麼我們再討論一下吧。」
A女：「我知道了，那麼我之後會再研究看看。」
B男：「這樣真是幫了一個大忙。」

這不是什麼特別的對話，我試著在研討會時請觀眾實際演練上述對話，並問：「有什麼樣的感覺呢？」

我得到這樣的回答：「嗯，如果能這樣說話就很輕鬆。不用害怕會不會傷害到對方，不用抱持著警戒心也沒關係，可以放心地與對方相處。」

舉例來說，為了建立以下能讓你感到放心的關係，只要針對談話就沒有必要硬是爭出個勝負。

- 對方會聽自己的話。
- 即使不立即回覆，對方也能等待自己回覆。
- 對方不會試圖勸誘自己的主張。
- 能夠坦率地說出自己的意見。

換句話說，就是不必害怕被對方突然拒絕，或是突然否定自己的想法。**請好好體會一下，像上述一般能夠安心對話的感覺。**這樣的對話才是真正有來有往的傳接球模式。

當然，彼此的意見並不會總是一致。可是，即便有意見不合的時候，這種方式也會因為能夠讓對方放心，而讓關係可以繼續走下去。

不論發生什麼樣的問題，彼此都能夠好好地傾聽對方的意見，並且互相討論。然後對雙方而言，這段和對方一起討論的時間過程本身，都會成為一段「相當充實並且愉快的時間」。

在這種能夠安心放鬆，有來有往的對話當中，與某人交談不是一件既開心又快樂的事情嗎？

停止單方面「一人演講」

無法做到的人　無法心靈相通的對談，並且感覺不滿或寂寞。

能做到的人　能夠放心的對談，讓時間過得充實。

第五章

想要不為人際關係煩心，請停止這種行為模式

26 停止事後反悔臨時取消

「要怎麼做，才能順利拒絕他人呢？」

我時常在諮商時被這樣問。例如：「因為是難得的休假日，所以想在家裡慵懶地度過，但是卻接到出門遊玩的邀約」、「在決定一定要準時下班的日子，總是會被人拜託工作而加班」。

雖然不討厭對方，而且就算拒絕了也沒什麼特別的事要做……但有時就只是今天不喜歡這件事。

越是這樣的狀況，越希望能不掀起風波的順利拒絕對方。

當無法順利拒絕而煩惱時，許多人會陷入「零或一百」的思考當中。也就是說，他們的想法會變成「是要百分之百的拒絕，還是要百分之百的接受」。

而且越是以他者本位思考的人，就越容易因為以下想法而煩惱：「只要覺得不好意思，就會越來越難拒絕」、「只要一想到自己以後也可能會有事情要拜託對方，就只好接受了」。

然而，**與無法拒絕的情況相反，有些人常常被認為瘋狂且大膽，因為他們不會去考慮對方的想法，會果斷地拒絕對方**。比方說，像是以下情況：

- 雖然一度答應了，最後卻反悔臨時取消。
- 因為無法拒絕，雖然讓對方相信自己會做，卻完全都不動。

也因此從另一邊來看，就會覺得對方給自己的印象是：「為什麼這個人如此任性妄為呢」、「為什麼這個人老愛做些自私的事情啊」。

依據情況的不同，也可能會被看成是「多麼自由奔放的人啊」。

最重要的是，當事者甚至對此一點自覺也沒有。

相反地，他本人還會為了「我總是無法好好拒絕」而煩惱。

臨時取消的習慣，是來自於無法拒絕的習慣？

雖然當事人煩惱著無法拒絕的問題，但是卻會在最後臨時取消，然後被人們認為是個自私的人。

為什麼會產生這樣的情形呢？

其中的一個原因，就是他們凡事都透過零或一百的想法來做出決定。

因此，即使曾經答應接受，也會在最後一分鐘放棄，並抱持著「快速切割」的態度。

但是這裡所謂的「快速切割」，最後也只不過是人們的印象罷了。

因為當事人的心裡，早已經變成了「因為害怕拒絕所以只好接受，但最後卻變得想要逃避、放棄一切」的狀態。

那麼，為什麼人們會在最後一刻才緊急放手呢？

這是由於即使思考過各式各樣的選項，到最後還是無法做出決斷。所以人們會把自己逼到如此境地：「都到了最後一刻了，因為很害怕，所以只好放棄。」

無法拒絕→臨時取消→不被信賴的循環

而在變成這樣之前，人們會不斷地思考：「果然，是不是不要答應比較好呢」、「假如拒絕了，會不會產生什麼問題啊？會不會被同伴排擠呢」。

不斷猶豫之下，他們會遲遲做不出決定，直到面臨「最後一刻」或「緊要關頭」為止，最根本的原因就是緣自於零或一百的想法。

而這，正是那些不以自己本位思考的人的想法。

假如你對自己誠實，就能和緩地拒絕

自我本位思考的人，會認為自己的心情或慾望很重要。例如他們在接到別人請託的時候，並不會刻意配合對方或周圍環境。

在接到別人請託時，會因此而感到開心，還是會因此感覺壓力，自己都可以感受到內心的變化。然後當要決定是否接受的時候，他們會以自己的感覺作為判斷標準。

假如「不想做」的心情比較強烈，比起與人相處，他們會更為尊重自己的想法。

若是能以自己的標準來決定事物的話，就可以不用那麼猶豫，也不必採取在最後才臨時反悔取消的拒絕方式。

實際上，「猶豫到最後才臨時反悔取消」，是指曾經已經答應了別人，卻又感覺到沉重壓力，因而「變得不想做」、「變得豁出去了」。

換句話說，就是**雖然想要完全漠視自己的心情，最後卻變得無法壓抑自己那一部分的感情**。

即便我們打算忍耐，卻無法壓抑自己的感情直到最後一刻。

而自我本位思考的人，正是因為熟知這一點，所以會以自己為優先來決定事情。因為認同自己的心情，我們才會思考「要用什麼方式拒絕才不會傷害到對方，又能順利傳達意思」，不斷湧現出體貼對方的心情。例如：

「這禮拜可能沒辦法，若是下個月的話務必再邀請我加入。」

「雖然沒辦法每一次，但如果是一個月一次從下午開始的話，就可以試試看。」

像上述的說法一般，就能分辨出自己能夠做到的範圍，並且緩和地拒絕對方。

停止事後反悔臨時取消

無法做到的人 變得自私且不受信任。

能做到的人 能緩和的拒絕，並連結到下一次的邀約。

27 停止「不可以懶惰」

大多數人都認為，怠惰偷懶不是一件正確的事，必須不斷地逼迫自己努力，直到能力的極限為止，才算是正確。

在前文中我們曾經提到，像這種「只有某一方才對」的零或一百的想法，只會讓自己痛苦。

「明明我這麼努力，那個人卻一點都不願意幫忙。」

「那個人真的很忙碌嗎？搞不好是假裝忙碌，好把工作推給我吧！」

我們之所以會像這樣不斷責備對方，是因為認為：

「不可以偷懶、不可以怠惰。」
「明明大家都在努力，不可以只有自己一個人偷懶。」
「其實還能繼續努力，所以不可以休息。」

所以我們不斷要求自己、限制自己。

首先，這種「絕對不可以偷懶」的想法，真的是對的嗎？

比起「原諒」，不如用「認同」的感覺來看待休息

比方說，當你覺得疲累的時候，你是打從心底的「認同」想要休息的自己，而不是使用「原諒」的說法嗎？

所謂原諒，是指有一點意識到原本「不應該這樣」。

對於休息這件事，「是正確的事，是為了自己的好事」，你是打從心底這麼認為的嗎？

如果以感情為標準來說明「想要偷懶」，又會是如何呢？

讓我們允許自己，而不是等待某人的許可

這些用頭腦思考時「必須做」的事，若換成用感情作為標準去感受的話，就會變成「不想做」的心情。

此外，從身體的角度來看，也可能是覺得「疲倦」也說不定。

或是那不是「偷懶」而是「休息」

若是你總是想著「雖然不想做，但又不能偷懶，所以只好去做」，那麼你就會努力到瀕臨極限為止。

或者，「想要偷懶，是因為不想做的關係。如果要找出不想做的原因，那會是什麼呢」，你像這樣以自己的感情為優先，有條理地去思考「不想做的理由」，試圖解決問題。

你認為上面兩種方式，哪一種比較合適呢？感覺上，後者似乎比前者更像是一個有用的解決方案。

如果我們能注意到，「我記得在這方面工作的痛苦」，或許會開始思考：「為了不讓自己感覺到痛苦，所以應該要來思考如何效率化」、「跟前輩更進一步的詳細詢問吧。」

或者單純地心想：「啊，努力了一段時間，覺得累了。」

這樣就不會覺得自己是在「偷懶」，而是「休息一下吧」，甚至會認為休息是一件好事。

從這些角度來看，我們最好打從心底丟掉「不能偷懶」的想法。

停止「不可以懶惰」

無法做到的人　總是逼迫自己不能怠惰。

能做到的人　找出想偷懶的理由並正面解決。

28

停止「總是覺得討厭的人離我很近&喜歡的人離我很遠」

雖然仔細思考會覺得很奇妙，但有許多人會自己認為，比起「自己喜歡的人」來說，更接近「自己討厭的人」。於是為了不斷增加的麻煩而煩惱。

「不論走到哪都有討厭的人，所以就一定會發生問題。」

「討厭那個人到難以忍受的地步，不論睡覺還是醒著，我只要一想到那個人在公司，就好想要辭職。」

雖然這麼說，他們卻也會在內心這麼回答自己：「但是，為了那種人而辭職未免也太不甘心了，就算辭職了，問題也不算真正解決。就算換到了別的地方，也一定還是有著這樣的人，所以我知道其實這些都是自己的問題。」

與此同時，他們可能又會說：「對平常沒有特別抱持想法的人，可以普通地和他們交談，甚至是時常說話。但是一遇上喜歡的人就會變得很緊張，完全說不出話來。」

假如問對方：「和喜歡的人進展得如何了？有主動丟話題給對方，增加接觸的機會嗎？」

「不，還沒有。」

或許依照不同人的個性，有些人可以維持一、兩年這樣按兵不動的狀態，或是維持一句話都沒說的狀態，就表示「我已經放棄了」。

如果我們從「感情」的觀點來分析，就能理解這並非是不可能的事情。

假設我們以他者本位來思考，或許是因為害怕「被對方討厭」。

即使接近對方有可能會和他「變得親近」，但這些人更相信「會被討厭」，所以才做不到。

那麼，對待討厭的人的時候又是如何呢？

其實**討厭的人，在「在意對方」的這一點上，和喜歡的人是一樣的。**

儘管如此，我們卻無法接近喜歡的人，又會不自覺地接近討厭的人。這到底是為什麼呢？

越是討厭的人越會互相吸引？

接下來，我們從反面的立場來看。

假設有個對你抱持好感的人，這個人對你來說是個不在意的對象，就算你知道對方喜歡自己，也不會積極地接近他。只要自己不覺得有怎樣，就能與他相安無事。

對自己而言，對自己抱持好感的人就是「安全」的人。

如果對於對方的好意，你可以用誠實的態度接受的話，就會認為對方是「安全的人」。當然，這裡所指的是日常一般生活的行為，假如是跟蹤狂之類的非日常行為，就不在討論範圍內。

那麼，對於明白表示討厭你的人來說，又會是如何呢？

在知道對方討厭自己的同時，你就會開始變得在意起來。

這是因為，討厭自己的人，對自己來說是「危險的人」的緣故。

我們會開始害怕，或許會因此受傷，或是因此而受害也說不定。

在這個時間點，你「害怕對方」的意識，也會傳達給對方。

如果這個時候，在你的心中也抱持著「和對方戰鬥的意識」，那麼就會和對方一樣，用表情或態度來傳達「我討厭你」的訊息。

從客觀的角度來看，這個就叫做「戰鬥」。因為陷入在意對方的「戰鬥模式」狀態當中，所以總有一天某一方會以具體的方式開始戰鬥。

此外，如果你接收到有討厭自己的人存在時，即使保持著平常心對自己說：「必須和大家好好相處才行」、「在職場上不可以抱持個人的情緒，不可以爭吵」。

如果你這麼想，就會不斷壓抑自己「在意」的心情，或是害怕的心情。

於是你會認為，「或許我這麼做可以讓對方變得不討厭自己，可以互相理解也說不定。如此一來就可以不用害怕對方了」，而因為這個簡單的動機，主動去接近對方也說不定。

當然像這種計謀，能順利成功的案例應該很少吧。相反地，當你越是接近討厭自己的對象時，一個不小心反而會容易成為對方攻擊的箭靶，要特別留意。

不論喜歡討厭都是彼此的自由

那麼，我們究竟該怎麼辦才好呢？

最基本的概念，就是認同「彼此有生活方式的自由」。

對自己來說，之所以不在意「安全的人」，是因為在內心抱持著「即使對方喜歡我，那也是對方的自由。即使知道自己被對方喜歡，只要我對他沒興趣，就和我無關」的想法。

這個「互相的自由」，對討厭的人來說也是同樣的道理。

不但會認為「即使對方討厭我，那也是他的自由」，而且同時也會認為「所以就算我討厭對方，那也是我的自由」。

基於這樣的理論，正因為可以認同自己討厭對方是一種自由，所以也能夠認同、尊重對方擁有討厭自己的自由：

不論是誰都有喜歡或討厭的領域

不論喜歡或討厭
都是對方的自由
討厭
喜歡

討厭
喜歡
不論喜歡或討厭也都是自己的自由

「即使對方討厭我，那也是他的自由。」

「即使知道自己被討厭，但只要我對他沒興趣，就和我無關。」

當然這個「互相的自由」，是以不侵害彼此的自由，不去做一些會致使受害的行動作為前提。

而所謂「認同彼此的自由」，就是以自我本位思考來生活的基本概念。

雖然這麼做無法馬上解決人際關係上的問題，但是如果能以這個概念作為「人生基本原則」的話，絕對可以整理好很多煩人的人際關係。

停止「總是覺得討厭的人離我很近&喜歡的人離我很遠」

無法做到的人　受到不必要的傷害。

能做到的人　認同喜歡討厭的自由，互相不干涉。

29 停止替他人承擔錯誤

「明明就不是自己的錯，只是因為大家無法理解，就把我當成壞人看待。」

我常會接到這樣的諮詢問題，也時常會聽到這樣的事：「因為大家都把我當成壞人，所以在職場上痛苦到想要辭職。」

在爆發像這樣大的問題之前，絕對會在前面的階段先發生幾個小的問題。假如你漠視這些前兆，一點也不在意的放置不管的話，就會被逼到窮途末路的狀態。

舉例來說，在職場上A和B之間發生了一些問題。

對此，從A的觀點來看，他認為：「之前B一直把責任轉移到我身上，真是不可原諒！」

但是就算對其他同事說：「因為我到目前為止都一直在忍耐，所以我們一起去要

B道歉吧。」其他的同事是否會和A連成一氣的行動，我也不知道。

因為A到目前為止都對B不公正的對待默默隱忍，所以其他同事並不知情。

或許同事們只會感覺：「有必要這麼生氣嗎？」

而這個道理，對上司來說也是一樣的。

即使A對直屬上司告狀B不公正的對待，上司是否會光聽A的片面之詞就採信也很難說。因為對上司而言，A給他的印象是突然開始小題大作。

若是A三不五時就對上司提出要求：「都是因為B不好，所以請趕快處置B。」比起A所說的事情的正確性來說，會更讓人感覺到A「很煩」，而想要讓他趕快閉嘴。

對上司而言，不論是A還是其他的任何人，假如對下屬管理不當，都會使自己的評價下降。

要是有人追究起自己對下屬管理不當的責任，就更是想當作「沒有這回事」。

不要忽視在大問題發生前的徵兆

像這樣爆發嚴重問題的時候，如果你認為這是你自己的問題，可以說這是因為你沒有時常「好好照顧自己的緣故」。

就像前文中所提到的一樣，如果能以「各自的自由」來做畫分，如此一來腦中思考對方事情的時間就會減少。

最重要的是，比起和對方戰鬥的想法，反而要從「是否珍惜自己」的觀點，好好檢視自己。

假如你像A一樣已經被逼到窮途末路的狀態，可以肯定的是，在那之前**「你自己總是在忍耐著，早已淌了數也數不清的渾水」**。

假如能在更早的階段，就注意到自己正在忍耐，並且「停止忍耐」的話，就可以避免事態變得更嚴重。

如果把被逼到極限的狀態看作是一個標著一百的刻度線。換句話說，就是把你的忍耐程度用一百的刻度線來表示。

假設你在到達一百的刻度線之前，在刻度十一的時候注意到自己在忍耐、在刻度十八的時候注意到自己在忍耐，或是在刻度三十三的時候就注意到自己在忍耐……用這樣的感覺，在注意到的時候就停止忍耐的話，絕對就能修正方向。

如果以前面的例子來說明的話，A在這之前已經好幾次，被B將自己所犯下的錯推給他揹黑鍋了。

「因為我聽到A這麼說，所以我只是照著做而已」、「那個資料之前我明明已經交給A了。」

當B這麼說的時候，A雖然覺得不愉快，卻只在心裡想著：「算了，又不是什麼大事，這次就算了吧。」然後默不作聲地看著對方對自己這麼做。

「若是因為這種小事引起騷動，被認為度量小也很令人不愉快。」也許A就是抱持著這樣的心情，邊忍耐邊協助對方。

可是B這種總是將事情推給別人的習慣，並不會看在是大問題還是小問題而有所改變。因為這就是B的行為模式。

之所以會演變成大的問題，都是因為在那之前不斷累積了無數的小問題。

就像Ａ一樣，直到最後緊要關頭才想要強調自己的清白，才想要好好解決問題，就會變得非常地困難。

如果在還是小問題的時候，Ａ心想：「自己沾一點泥也無所謂，這樣才不會破壞與Ｂ之間的關係」、「假如自己不出聲的話，周圍就不會有所動靜。」

如此不斷地忍耐下去，最後就會導致大的問題爆發。

假如Ａ能夠重視自己，在一開始的階段就停止忍耐，將責任所在明顯畫分說明，Ａ就不會陷入被人當成箭靶攻擊的情況了。

然後，若是Ａ能夠冷靜地詢問Ｂ：

「雖然Ｂ這麼說，但是我沒有自己這麼說過的印象。我是何時，在哪裡跟你這麼說的呢？」

「我沒有收到這份資料的印象，可以請你再查一次嗎？」

或許就能避免事態發展成大的問題。

從平常就要站在「不忍耐」的角度，一旦發生小問題就立即對應處理，會比較容

易解決，被捲入大問題紛爭的機率，也會因此降低。

停止替他人承擔錯誤

無法做到的人　就算主張自己的清白也沒有用。

能做到的人　在大的問題發生前就要避免替人揹黑鍋。

30

停止想太多最後沒行動

當你想對某人宣稱一些事情時，或許你會先在腦中預測對方的行動，並且模擬好對策。例如：

「如果對方這樣說，那我就這樣回覆。」

「如果他這樣行動的話，我就像這樣反擊。」

像這樣再三思考之後，也許你會抱持著這樣的想法：

「我想成為在對方說些傷害我的話時，能夠馬上回覆的人。」

「我想成為若是被對方打擾，也能反擊回去的人。」

在心中訂下自己想要成為的目標狀態，然後心想著：

「他居然說那種話傷害我，下次有機會的話，絕對要討回這口氣！」

「究竟該怎麼做，才能擊敗對方呢？」

「要用什麼樣的說話方式，才能削弱對方的氣焰呢？」

即使你不斷地思考，到最後卻沒能實際化為行動，只是在心中與對方戰鬥罷了。

這種情況是不是很常見呢？

因為害怕爭吵，最後反而動不了

你是否總是為了想要「在爭吵中贏過」對方，而在腦中不斷地思考各式各樣的情況呢？但是像這樣一直在思考對方的事情，到底是為了什麼呢？

「當然，要是不知道對方會採取什麼樣的行動，就沒辦法與其對抗了。」

若是被勝負給限制了思考，就會聽到這樣的回答吧。

那麼你曾經有將這些想法，實際化為行動過嗎？

「只是想想罷了，最後還沒行動就結束了。」

到目前為止，是不是已經發生過許多次這樣的情況了呢？

「的確是這樣沒錯，光是這樣思考就讓我覺得好累，常常中途就開始覺得好麻煩。」有些人會這麼回答。

你之所以沒有付諸行動，真的是因為覺得麻煩嗎？

在你的心裡深處，是否隱藏著自己真正的心意呢？

是的，那個被隱藏起來的心情，就是「害怕」。可以說，**恐懼就是我們「不付諸行動」的最大原因**。

相信「若採取行動會演變成爭吵」

首先，「如果採取行動，將會變成爭吵」只是一種想法。

這種想法的背後，是基於「為了主張自己的意見，必須和對方戰鬥並且獲勝才行」的意識之下。

像這樣「為了獲勝的想法」，其本身會產生恐懼、害怕的感覺。

若是想要贏過對方，就必定會演變為爭吵。

要是去想像變成爭吵的情況，光是想像也會產生害怕的感覺。

然而，**想要好好重視自己的心情，並不需要透過與對方戰鬥**。

即使對方做不到，你還是可以為了自己而行動。

比方說，當你被對方強迫接受意見的情況下，只要使用這樣的說法，就可以有效地重視自己的感覺：

「是，你所說的我會作為參考。」

「好的，我會作為一個意見接受。」

即使對方從另一面切入，你也可以用這樣的說法，來守護自己的心情以及想法：

「就算會失敗我也沒關係，我想試試看。」

光是思考就虛度了這麼多時間！

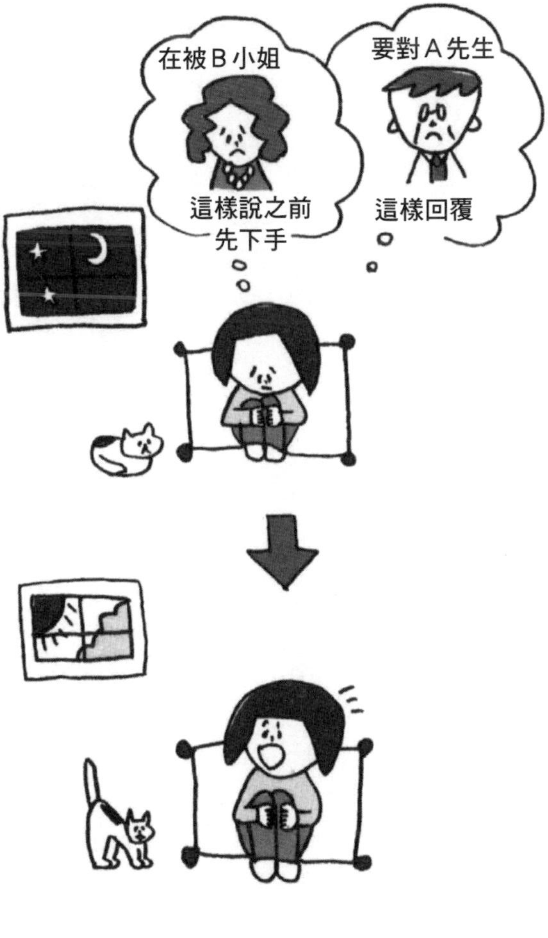

「因為這是我的工作，所以我想用自己的方式試試看。」

當你被對方否定的言行舉止所影響時，假如你光是思考「都是對方不好」，就容易受到對方的影響，與其痛苦地認為「要以某種方式改變另一方」，不如心想：「**我可以做些什麼，來保護自己免受對我不利的人的侵害？**」如此一來，才是比較聰明的做法。

像這樣比起「想要在戰鬥中贏過對方」的行動，如果能夠換成「重視自己的心情或想法」的行動的話，就能免於爭吵的恐懼。

即便到最後你並沒有實現你的想法，你也能從自己的行動當中獲得滿足感。

停止想太多最後沒行動

無法做到的人	一直相信若是採取行動將會導致爭吵。
能做到的人	為了守護自己的想法而採取行動。

31 停止一個人努力到最後

相信把「獨立自強」誤認為是「就算只剩自己也要努力的堅強」的意思，這樣的人應該並不少。

最重要的是在職場上，當被直屬上司要求「請你做這個」，無論如何你都會試著完成。不論你感覺到多少負擔，都會主動加班，直到將工作完成的最後一刻為止。

假如你是抱持著「我想完成」的積極態度去做，這種熱情值得我們欣賞。

但若是抱持著「因為被上司命令，所以我必須靠自己的力量做到最後才行」、「要是無法完成，自己的評價將會下降。」像這樣必須咬緊牙根才能繼續做下去的心情，兩者之間將會產生相當大的差異。

以前者來說，當然因為是自己想做，所以會因為工作中所進行的程序本身，而感覺到滿足感，或是開心、快樂的感覺。

另一方面，就後者而言，只感覺到「必須做完才行」的痛苦。一邊忍耐著這種痛苦，一邊心想著：「為了變得更強，必須做到最後並且完成才行。」如此一來，就會感覺更痛苦吧。

「我認為雖然痛苦，但直到最後都不放棄的做完，就會化為本身的自信。」由於這種痛苦會使自己成長，並且最後多半會變成自信或實際成績，所以絕大多數的人都是這麼認為。

只不過，你想一次又一次地挑戰那些只有痛苦的事情嗎？

如果你一再地挑戰這種只有痛苦的工作，比起磨練內心、讓內心成長來說，反而會更容易使內心受創。

實際上，有越來越多的人因為像這樣子努力，而變得更想要放棄。

或許「拜託別人」是一種技能

越是擁有這種努力症頭的人，就越會想靠自己的力量完成到最後。雖然我很欣賞這樣的忍耐力，但是在這背後，恐怕隱藏著「害怕拜託別人」的心理。

當想要拜託他人而好不容易鼓起勇氣，結果卻被拒絕，我想不論是誰都會覺得很挫折、很受傷。

「如果會受傷，不如自己動手做就好。」我想應該有許多人都是這麼認為吧。

還有一些人，是因為對自己沒有自信，而抱持這樣的想法：「別人是不可能會為了我做些什麼的。」

若是意志堅定且大膽的人，或是固執的人，或許會說：「我才不需要拜託別人幫忙呢！」但在這當中，其實也潛藏著「害怕」被拒絕、被傷害的心情。

其中，也有人會用「要低頭拜託別人，這種可悲的事情我絕對做不到」的說法來虛張聲勢，保護自我。

他們之所以會這麼說，不是因為自尊心很高，而是因為「無法拜託他人的懦弱」的緣故。

或者，有些人是對該怎麼表達產生疑問，例如：「雖然內心很想要拜託別人，但就是不知道該用什麼說法才好。」

越是意志堅定，認為必須一個人完成的人，與人的溝通能力就越差。而且正因為對這樣的情況有所自覺，所以才更容易認為必須靠自己努力完成。

想要拜託別人，其實是需要練習請託的技巧的。例如：

「方便現在佔用你一點時間嗎？」

「可以詢問你一些事情嗎？」

或許你會認為，一般來說想表示對「另一方的禮貌」，有必要用這種方式嗎？

如果站在自我本位的角度來看，這也可以說是「為了自己」的一種表現。

「透過獲得另一方的同意，就能安全地說出自己請託的內容」，是一種為了確保自己的安全所做出的行為。

「即使無法現在馬上，要等一下也沒關係。」

「可以的話，想請教你有關這個部分。」

像這樣明確表達時間或內容，也是一種不會使自己受傷的方法。

所謂的獨立，是以「認同自己、認同他人」作為基本原則。其中的一個關鍵，就是擁有透過溝通來了解對方的技能。

就算你靠一己之力撐到最後，你最終還是無法變得獨立堅強。

越是能夠拜託別人幫忙，讓這種請託的技能變成一種習慣的人，反而越是能夠獨立自強。

停止一個人努力到最後

無法做到的人	認為最好不要依賴別人，要盡力做到最好。
能做到的人	提升依靠他人的技能，舒適地工作。

32

停止逃避責任而不行動

有一種人，害怕「責任」過重。

而他們為了讓自己不必去擔負責任，所選擇最確實的方法，就是不行動。

只要不做任何行動，就不會失敗，也不會產生責任。

只不過，若是不行動的話，不只不會失敗，同樣地也不會成功。

害怕責任的人，會得到他人的允許之後才開始行動。因為只要這麼做，就算結果失敗了，也可以將原因歸咎到別人身上。例如：

「都是父母叫我升學就讀那所學校的關係。」

「雖然自己曾經去請示過上司，但上司卻說交給我自己判斷的關係。」

「都是因為A說，試著這麼做如何……。」

又或者是，自己不想行動卻又想成功，所以就讓其他人去做。

交給其他人做的話，一旦失敗的時候，可以把責任推到別人的身上說：「為什麼你要做這麼做呢」；萬一成功了，也可以把功勞全攬在自己身上的說：「都是我要他這麼做的」。

當然，這種做法有時候可能會順利成功，不過因為總有一天會引發問題，所以並不是一個聰明的方法。

那麼，究竟為什麼我們會害怕擔負責任呢？

其實，這都是因為我們都以否定的想法來看待事物的緣故。

即使是休息，也不想承擔責任的人

若是你受限於「思考」或「考慮」之中，就很容易忽視「感受」。

最重要的是，人們會經常想到許多事情，例如焦慮，煩躁和消極的事。

我們若是沉浸在依據這種思考所產生的「心情或情緒」當中，應該很難在生活中抱持著喜悅的心情。

就如同前文中所介紹的一樣，對於放輕鬆休息這件事，只要沒有獲得他人的認同，有些人就是辦不到。

「要是不去一趟公司，讓周遭的同事明白自己的確是因為感冒不舒服的話，就無法請假好好休息。」

像這樣被責任追著跑，必須獲得他人認同，不然就無法行動的狀態，可以說因為他者本位思考的影響，而親手讓自己的人際關係變得複雜麻煩。

從腦袋中不斷膨脹的「責任」中解放出來

像上述所描述的狀況，這種害怕責任背後的心理，究竟是什麼呢？

恐怕，這是因為抱持著實際以上的「過多責任」的緣故。

比方說，你以別人作為判斷的標準，心想：「那個人可以做到，我卻沒辦法做到」，並且因此認為自己很糟糕的話，就會很容易感覺到「承擔過多責任」。

又或是被上司說「我很期待你的表現喔」，就會想要回應對方的期待，一旦開始煩惱若是無法回應對方期待的話，就會開始覺得承擔過多的責任。

如果你一頭熱的接下別人的工作，這種試圖推動自己的方式，也會讓你感覺到自己承擔了過多的責任。

明明這些事都不是自己的責任，卻好像是自己的責任一般，這種感覺會讓你開始害怕「承擔責任」。

想要從害怕承擔過多責任，無論什麼事都必須獲得允許才能行動之中掙脫出來，你就必須學會「感受」。

舉例來說，若是抱持著嚴重恐懼心的人，他們可能會說：「我總是感覺很害怕。只要被要求負起責任，就覺得好害怕。從以前到現在，我都盡量避免擔任管理職位或團體的領導者。」

結果，「明明就覺得很可怕，即使你叫我去好好感受，我也只會變得更害怕而已」，透過想像，他們反而會變得更害怕。

在**「自我本位」心理學中，所謂的「感受害怕」與面對恐懼的意義不同。**

它與「不可以害怕、不可以逃避」等，和自己的恐懼作戰有著些微的不同。

對所承擔責任的恐懼，也是一種「感受」

依據「自我本位」心理學而言，感受害怕可以分為兩個意思。

首先第一個，是**「即使自己覺得害怕，也要認同這樣的自己」**的意思。

這裡所謂的認同，和本書前面所提到的內容一樣，都是指純粹地去「感受」自己最真實的感覺。

另外，第二個則是**具體地了解「自己究竟是在害怕什麼樣的情況，在害怕什麼東西」**的意思。

若是想讓自己從過多的責任當中解放出來，就必須要知道，自己究竟「會因為什麼情況而產生害怕的感覺」。

然後為了辨識原因到底是什麼，就需要問自己：「現在，是對什麼而感到害怕，是什麼讓自己感覺到負擔」。

只有當我們具體了解原因，才能真正卸下「感覺承擔過重責任」的重擔。

如此一來，就可以從「害怕承擔責任而不敢行動」的限制中解放出來，你應該就能按照自己的意願自由行事。

停止逃避責任而不行動

無法做到的人　在能承擔責任的「那個人」出現前都無法行動。

能做到的人　從「過重的責任」中解放出來，依自己的意願行動。

HEART
心視野 心視野系列050

讓相處變簡單的32個心理練習

停止凡事顧慮想太多，人際關係會更順暢輕鬆

わずらわしい人間関係に悩むあなたが「もう、やめていい」32のこと

作　　者 石原加受子
譯　　者 蔡麗蓉
總 編 輯 何玉美
主　　編 王郁渝
編　　輯 簡孟羽
封面設計 張天薪
內文排版 顏麟驊

出版發行 采實文化事業股份有限公司
行銷企劃 陳佩宜．黃于庭．馮羿勳．蔡雨庭
業務發行 張世明．林踏欣．王貞玉．林坤蓉
國際版權 王俐雯．林冠妤
印務採購 曾玉霞
會計行政 王雅蕙．李韶婉
法律顧問 第一國際法律事務所　余淑杏律師
電子信箱 acme@acmebook.com.tw
采實官網 www.acmebook.com.tw
采實臉書 www.facebook.com/acmebook01

I S B N 978-986-507-017-5
定　　價 320元
初版一刷 2019年7月
劃撥帳號 50148859
劃撥戶名 采實文化事業股份有限公司
104臺北市中山區南京東路二段95號9樓
電話：（02）2511-9798
傳真：（02）2571-3298

國家圖書館出版品預行編目資料

讓相處變簡單的32個心理練習：停止凡事顧慮想太多，人際關係會更順暢輕鬆／石原加受子作. -- 初版. -- 臺北市：采實文化，2019.07
224面；14.8×21公分. --（心視野系列；50）
譯自：わずらわしい人間関係に悩むあなたが「もう、やめていい」32のこと
ISBN 978-986-507-017-5（平裝）
1. 人際關係　2.生活指導
177.3　108008351

HEART

心|視野

HEART

心 | 視野